善知 28

無常

阿姜查 Ajahn Chah 著

保羅‧布里特 Paul Breiter 英文編譯

賴隆彥 譯

U0020480

EVERYTHING ARISES, EVERYTHING FALLS AWAY

獻給阿姜查的出家弟子

每天都如法生活的男女弟子

目次

【英譯序】

阿姜查的教學風格與森林傳統

一九四五年，阿姜查（Ajahn Chan, 1918-1992）與少數弟子，在泰國東北部的偏遠森林中建立了一座寺院。他們過著和兩千五百多年前佛陀時代的比丘一樣簡單的森林苦行生活，阿姜查的慈悲風範與直接而清楚的教學風格，吸引了無數在家與出家弟子前來，而寺院也在泰國與西方各地如雨後春筍般茁壯成長。

直接呈現佛法的教學風格

阿姜查去除佛教概念的神秘因素，將佛法直接呈現在我們面前，幾乎所有聽過的人都能了解。他教導村民如何處理家庭生活與經濟事務，也會告訴他們修行以證悟涅槃的觀念。他可能以一種激勵人心而非說教的方式，指導一個初次來訪團體基本的戒律，溫柔地提醒他們注意自己的行為，並為他們注入他那深具感染力的喜悅。然而，他也可能嚴厲地斥責當地出家人與在家人的觀念。他可能從最基本的佛教觀念說起，並自然而然地談到空性上去。

阿姜查在使用術語時並不墨守成規。他說話從不看筆記，且不會預先準備談話的內容。但他所作的教導都是實際與可行的。對於未受教育的人，他會說：「別管什麼蘊，什麼色、受、想、行、識。太麻煩了！只要說『身與心』就夠了。」雖然他不常引經據典，但若有需要，他也會解釋深奧的術語。例如《念處經》中談到「於身觀身」與其他諸蘊的類似說法，阿姜查只是說：「當我們了解身是無常、苦、無我與無我所時，這就是所謂的『於身觀身』。」

　　有時他強調觀禪的三個特徵——無常、苦與無我，有時則強調四聖諦，但這些都只是指月的工具而已。佛陀初轉法輪時，他說：「不死之門已被打開，凡具耳者皆得聽聞，你們應當生起信心。」阿姜查從「無我」的實際面向來解釋這個有些神秘的「無死」概念——既然無我、無我所，就沒有一個會死的人。五蘊法生起又消失，但只要我們不對號入座，不相信它們是我們或我們的，我們就不會隨著它們死亡，也不會為它們感到痛苦。他也將它解釋為不再隨著我們所經驗到的內、外在事件而生與死，換句話說，就是解脫。

　　阿姜查的教法是以無常為基礎，作為修習正念的初始焦點，並無其他事物能與之相比。它是打開大門的鑰匙，使人得以進入正法，它帶領心看見經驗的其他面向。

　　在他教學與訓練學生的方法中總是潛藏著驚奇，完全符合

變化與不確定的精神。他經常改變寺院中的路徑；他不容易被定型或分類；他強調出家生活是最佳的修行方式，經常指出它的許多利益。但他也給予在家眾深奧的教導，為所有真誠向法與努力修行者指出真實的一面，他在許多場合都說過，是否出家並不重要。他對待出家戒律的方式可能令人困惑，但遵照他的指導去修行，總能帶領我們去直接體驗並到達安穩處。

有時他說需要禪定（samādhi），並解釋禪那（jhāna）的各個階段。有時他則貶抑修止，警告它具有讓人誤入歧途的危險性。在他的禪修教學中，正念是核心。無論心是安定或激動，集中或分散，禪修者都能覺知它的情況，並看出它們生滅的本質，由此而洞見心理活動之外的東西。

內觀諸法的三相──無常、苦與無我

當佛陀第二次說法教導《無我相經》時，他藉由解釋逐步內觀諸法的三相──無常、苦與無我，而讓五位弟子達到完全覺悟。這個教法的基礎，是建立在指出「身心諸法皆為無常」的明顯事實上。凡是無常的事物它本質上皆是不圓滿的，既是不穩定與不圓滿，則不應將之視為自己或屬於自己所有。經由數度問答，佛陀引導弟子們了解這點，並進一步解釋如此洞見事物，將導致離欲與離染，使心解脫。

趨入這個洞見——從我們所經驗一切事物的不確定性開始，這是阿姜查教學與訓練主要強調的重點。這位歷經無數法戰的大師，以他的堅定不移，提醒弟子們：「它是無常的，它是不確定的。」來斬斷他們的妄想與執著，無論是對外在世界、他們自己的身體或禪修的狀態。雖然這些話連小孩子也會說，但當它們是出自淨信的立場時，就成了鮮明的實相指標與解脫之道。

無常（anicca）通常被指為三相中的第一個，因為它是最明顯的，事實上，阿姜查一再強調它是正見的基礎和入道之門。他在提醒人們別把事情看得太認真時，以不確定性來說它，而指出這個存在的特質：有上就有下，得與失是無法避免的，自己對什麼是好或壞的想法常會改變，而這樣的了解，可以為我們在日常生活的考驗與禪修中帶來平靜。當一切都是不穩定的與不可信賴時，怎麼能視它為真實的呢？讓自己任由變化的現象擺佈，並相信它們會帶來快樂，這必然是災禍的不二法則。

dukkha通常翻譯成「苦」（suffering）。不快樂的經驗，如愛別離、怨憎會、憂愁、疾病與死亡，都是苦的明顯形式。它也是一切我們會經歷的普遍與本具的不圓滿；更具體地說，它是指立基於愚痴的經驗，即相信事物為真實、永恆，且是屬於自我、構成自我或與自我有關的經驗。根據佛教的教法，真正

的問題並不在於自然或無法避免的事件，或於獲得後失去，或相會後分離，而是在於建立其上的心理活動。它們使痛苦加劇，而那是可以避免的。透過禪修中的思惟與直接的領悟，人們會看見執著任何事物或經驗，如何造成緊張、挫折與失望，因為沒有任何東西是可以永遠不變的。

阿姜查也在四聖諦的架構中教導「苦」：苦、苦集起的因、苦滅，以及到達苦滅之道。他說：「當你想要進入一棟房子時，你從門進去；而當你想要進入佛法時，則從認識苦諦進去。」他的教導有時可能因為提到「苦」而顯得沈重，但他教導的是四諦，而非一諦。他提醒我們有個目標，有個可以一勞永逸的苦滅，對所有認真修行的人來說，活在解脫與安樂中確實是可能的。它是洞見諸法不圓滿的本質，生活中積累的一切痛苦，會推動我們去找出解脫之道。這個洞見引領我們醒悟過去習以為常的生活方式，並看清事實，讓我們對於世俗的誘惑得以離欲與離染。

阿姜查經常以最簡單的方式說「無我」（anattā），從我們身體最清楚明白的事實開始。它們不聽從我們的命令，且在最後拋棄我們。有時他強調它們如何受制於老、病與死，有時他說它們只是地、水、火、風四大的聚合體，其中找不到任何個人。如經典所說，凡是無常與不可信賴者，必皆具有不圓滿的本質，因此當然不值得稱之為「我」或「我所有」。

在教導禪修時，阿姜查反覆談到看見心理活動的生與滅，但是他補充說，此事猶有深義。在《森林中的法語》（*Being Dhamma*）①一書中他說：

首先，我們必須看見心的本質是無常、苦與無我。不過，其實那兒根本什麼也沒有，它是空的。我們看見生與滅，事實上沒有東西在生滅。我們是藉由想像與概念而看見生與滅。……它不只是生與滅而已，最後是要洞見你真正的心。你還是會經驗到生與滅，但是你不會再陷入快樂之中，當然痛苦也無法再跟著你。

阿姜查告訴我們關於世間法缺陷的「壞消息」，並指出關鍵是「出離」，而他唯一的目的是解脫。如他所說：「供養、聞法、禪修，無論我們做什麼，目的都只是為了增長智慧。增長智慧的目的是為了解脫，從一切因緣與現象中解脫。」

應機說法，使人深入思惟

阿姜查從不根據書本、筆記或教學計劃去教導。他總是即席說法，雖然有時發現對某些人無話可說，但他說那可能意味著他們之間不曾有過業的連結，或這些人並無聽聞心靈教法的

業因。談到教法如何在他心中生起時，他引述佛陀的話。有次佛陀對弟子們開示，然後問他們是否曾聽過這些話。他們回答以前不曾聽過，佛陀說他也是第一次聽到。

阿姜查不曾建議大量閱讀或研究，尤其是對西方弟子們。「你們過去一直都在研究，到底它給了你們什麼？」他質問我們。他經常說：「如果你有學士學位，你是在學士層次上受苦；如果有碩士學位，受的便是碩士之苦；如果有博士學位，則是在博士層次上受苦。」由於他將自己的法喜注入於最基本的教導，因此有時他告訴人們的事，是他們並不想聽聞的。

一九七九年他在麻薩諸塞州「內觀禪修中心」（Insight Meditation Society）時，有天晚上他作了一場重點大都集中在戒律上的開示。結束時，他爲嚴厲地責備禪修者而道歉，並說：「我並不想說這些事，但佛陀請我這麼做！」緊張的氣氛頓時瓦解，禪堂充滿笑聲。

弟子與訪客們會向阿姜查提出各種事，從崇高的到古怪的都有。有些人想要討論經典的微細觀點，有些人想要辯論，有些人把他們大大小小的負擔與憂慮攤在他的面前。他經常能避免爭辯而直指要點，以一種非對抗的方式，把事情拋回給提問者作更深入的思惟。

有個泰國人曾在阿姜查的主寺巴蓬寺（Wat Pah Pong）出家好幾年，後來還俗，成爲酒鬼與流氓，但仍會回來看他以前

的住持。有天他宣佈想要加入軍隊，開始殺共產黨徒；由於共產黨徒對泰國社會是個威脅，因此不能說有什麼錯。阿姜查沒有長篇大論的訓誡他，他只說：「嗯，如果對你來說，殺死共產黨徒沒有錯，那麼我想對某人來說，殺死你也沒有錯。」

許多在家人相信他擁有預測樂透號碼的能力，因此總是直接或間接地請阿姜查報明牌。阿姜查並未針對此事的愚蠢訓誡他們，他只是輕描淡寫地說：「如果我能預見號碼，我會告訴親戚們，好讓他們都發財。我為什麼要告訴你呢？」

阿姜查以一種對提問者最有幫助的方式回答問題。

例如，有次他在遊方苦行時，單獨待在荒廢的寺院裡。有天一些村民前來問他，他們是否可以採摘在那裡長成的水果。阿姜查告訴他們：「諸位，我不是這地方的住持，我只是暫時停留在這裡。我無法禁止你們採摘水果，但我也不能允許你們摘它。」

聽到他的話，這些人躊躇不定。在相互討論過後，他們最後說：「如果是這樣，我們決定不摘水果。」然後便離開了。

森林傳統艱苦的修行生活

阿姜查坦承自己初次成為禪修比丘，嘗試調整苦行生活方式時遭遇的困難。在指導大眾訓練規則時，他對於那些難以適

應單調而艱苦例行生活的人，表現出深刻的同理心。一天只吃一餐，比丘與沙彌們在凌晨三點起床。為了修禪，於黎明時徒步一至二個小時托缽乞食，然後回來靜坐，直到食物分配好後才開始用餐。由住持率先開動，然後挨著他一個接一個陸續啓動，行伍末端的人們經常饑腸轆轆且口水直流地蠕動。阿姜查告訴弟子們，他也曾為僧伽戒律而在內心掙扎。

　　我會想：「哎！隊伍前的比丘們為什麼還不開始吃呢？那些傢伙到底在想什麼？」我會咒罵資深比丘們。「讓我作一次長老就好！我會立刻開動，不讓其他人如此等待！」

　　我經歷過這種事。我坐在那裡等待吃飯，並看著阿姜（ajahn，老師）。我望穿秋水，但他就是不吃。他在訓練我們。他一定是和在家眾在說笑，我心裡想：「嘿！我們就快餓死了！」有時我想：「如果我還俗，那一定是因為這件事！我再也無法待在這裡忍受這件事。當我飢餓時，我需要吃飯。還是住在家裡比較好……不管住在哪裡都會比這裡好。」

　　他偶爾會談起巴蓬寺的早期，五〇年代的泰國農村，尤其是東北方很貧窮且未開發，寺院的情況極度惡劣：缺乏糧食，

必須涉過深水到村莊托鉢，癘疾猖獗且無藥可醫，又缺乏最基本的生活用品。有一年，一對夫妻有個侄兒住在阿姜查的寺中，他們決定剃度一起加入巴蓬寺。但他們發現生活太苦，於是很快便還俗回到城市中。阿姜查說到這個故事：

　　經歷過寺院的情況，他們對禪修比丘的生活感到非常沮喪。在他們還俗之後，每當談起我們在此地的生活方式時，那位女士便會開始哭泣。未曾身歷其境的人不會了解。一天只吃一餐，是進步或倒退呢？我不知道怎麼說它。

　　沒有人來這裡訪問，連狗都受不了這裡的生活。茅篷離聚會所很遠，在一天結束，做完一切例行事務之後，我們分手進入森林中，回到自己的茅篷修行。那使得狗兒很沒有安全感，因此牠們會尾隨比丘們進入森林中，但當僧人進入茅篷時，牠們又被單獨留下並感到害怕，因此牠們會嘗試跟隨其他比丘，但那些比丘也會消失進入茅篷裡。

　　對此有時我想：連狗都受不了它，但我們還是住在這裡！非常極端。它也令我感到有些可悲。

　　但這樣的苦行生活有其意義。當我們還不精通修行時，如果身體太舒適，心會失控。當火點燃並吹起風

時，火勢蔓延開來，房子很快便會被燒光。

阿姜查，與在他之前的阿姜曼（Ajahn Mun）的傳承，被稱為「森林傳統」。不久之前，泰國有百分之七十的土地是森林，而現在大約只有百分之十。阿姜查在世時眼看著森林逐漸消失，在森林寺院傳統的許多利益與福澤中，他著眼於保護林區。他常讚歎森林中的單純生活有益禪修，有時還轉為歌頌：

　　佛陀在森林中誕生，誕生之後，在森林中求法，也在森林中傳法，從《轉法輪經》開始。最後在森林中進入涅槃。

　　對於我們這些有志於這傳統的人來說，最好去了解森林。住在森林中，並不表示我們的心會像森林裡的動物般，變得狂野，而是可以提升與淨化。住在城市裡，我們生活在分心與騷亂中。森林中有安寧與寧靜，我們可以清楚地思惟事物並生起智慧，因此能以這安寧與寧靜為自己的良師益友。這樣的環境有助於修行佛法，因此我們以它為住處，以山林與洞穴為自己的庇護所。

　　觀察自然的現象，智慧從這些地方產生。我們從樹木與其他一切事物去學習與了解，它帶來一種喜悅的

狀態。所聽到的自然聲響並不會妨礙我們，我們聽到鳥兒隨興啼鳴，那其實是一種很大的享受。我們不會有任何憎惡的反應，且不會有傷害的念頭。我們不會對任何人或任何事，發出粗魯的言語或侵略的行為。聽到森林的聲音為心帶來歡愉；雖然我們在聽聲音，但心是寧靜的。

森林傳統大師們的教學風格

阿姜查談到他的老師們與森林傳統的其他大師時，揭露了直接與單純的共同特質。避開佛教術語，他們誘導聽者自己去觀察，使用的都是日常生活的事物與字彙。阿姜曼（1870-1950）無疑是那時代最著名的禪師，且被公認為復興了森林寺院的禪修傳統。阿姜查只和他相處了幾天，但事後他總是說自己是阿姜曼的弟子：「如果一個眼力好的人和某樣東西靠得很近，他會看見它。如果他的眼力不好，則無論他在那裡待多久都沒有用。」阿姜曼對他的最大啟示是心的本質，指出心本身與它的變化狀態與活動之間的不同，②本書便從這個解釋開始，作為正見的基礎。

阿姜查經常重複講述的故事之一是關於一個人決定「拋開一切」，如法而行。他賣掉家產，並讓家人和他一起出家。他

們先去印度朝聖，然後返回泰國隨心靈導師修行。

由於阿姜曼是泰國最有名的禪師，因此他們前往他的寺院。抵達時，他們看見他和弟子們坐在一起，嘴裡嚼著檳榔，有說有笑。這個人既震驚又失望，這並不符合他心目中上師應有的形象：他想到經書上說，佛陀從不大笑，只微笑而不露齒。於是他和家人離開阿姜曼，還俗並放棄求道。

另外兩位阿姜查恭敬提及的老師是阿姜欽納瑞（Ajahn Kinnaree）與阿姜通拉（Ajahn Tongrat，他的教學風格參見〈一則『放生』的故事〉③）。且還有傳承的守護聖者，例如阿姜曼的老師與前輩——隱士阿姜紹（Ajahn Sao），他在阿姜查童年時，有次曾前往附近的森林暫住，阿姜查後來在那裡建立了他的寺院。

「我的父親去他那裡聞法。我那時還小，但記憶一直烙印在我的心上。」阿姜查回憶道。

「父親告訴我他如何前往禮敬禪師。那是他第一次看見比丘用鉢吃飯，把所有東西全放進一只鉢內——米飯、咖哩、甜點、魚，各種東西。那令他好奇這究竟是哪種比丘。

「然後，他告訴我從阿姜紹那裡聽得的教法。那不是一般的教學方式，他只說他內心之法。那是曾經一度來此停留的實修比丘。」

在阿姜查的寺院中，強調讓一切活動皆成為禪修；同樣

地，他指出教法隨處可見，尤其，禪師所做的每件事都是在傳法。在他非正式的教學形態中，阿姜查在開示中偶爾會穿插這些禪師的小故事：

請了解，生活中發生的一切事情都是爲了訓練與喚醒心。不管阿姜做什麼，他的所有行爲與話語，無論看似溫和或嚴厲，都是爲了這個目的，那都是在說法，但新人不了解這點。當我們說阿姜在傳法時，他們心想那意味著他將昇上高座講話，傳法的意思就是那樣。然後當阿姜真的那麼做，才剛開始念誦皈依佛，他們卻睡著了！

過去我曾和阿姜欽納瑞同住，我經常不了解他在說什麼。每次有人做了什麼不對的事時，他會大叫：「喂！你正在墮入地獄！」當我們在吃飯時，他會說：「喂！就是你，你剛墮入地獄！」我心想那是他的口頭禪：我不知道他爲何總是提到地獄。無論我們做什麼，他總是說我們正在墮入地獄。但聽了一陣子之後，我試著思惟它的意義。這個地獄的說法是怎麼一回事呢？「你剛墮入地獄！」「小心！你正墮入地獄！」因此最後我去當面問他。

「喔！那意味著你正往那裡走去；你正在製造苦

因。別製造苦因！那是地獄的所在！那是你將墮入的地方。」

聽到這些話，我終於了解：苦本身就是地獄。啊！但即使事情如此清楚，我還是無法靠自己想通。苦就是地獄，正在犯錯與為自己製造痛苦的人便是地獄眾生。仔細想想，我能了解這就是地獄的所在。它是如此接近與立即。

阿姜紹與阿姜曼的資深弟子──阿姜通拉，他的話語與行為經常讓人感到突兀，以不落俗套而聞名。阿姜查以他為直指事物核心的範例，且阿姜查寺院的生活方式，絕大部分是仿效阿姜通拉的方式而制定。

阿姜通拉教導的不多。他總是告訴我們：「小心！真的要小心！」那就是他的教導方式。「如果你不是真的很小心，將會自食其果。」事實的確是如此。即使他不說它，它依然是如此；如果你不小心，你將會自食其果。

對於老師傳法的方式，我們通常是不知不覺。有次阿姜通拉和一群比丘走在一起。他看見一頭公牛在路邊吃草。他說：「啊！這頭母牛正在路邊吃草！」比

丘們很驚訝，他們心想阿姜通拉可能誤將公牛看成母牛了。

他們往前走了一陣子，忽然他說：「喂！你們有看到那隻母牛在吃草嗎？」比丘們可能以為阿姜糊塗了。他們不了解他正在教導某個觀念。具有智慧者在聽到這些話時將會了解，牛既非「公」也非「母」，如此稱呼它們只是世俗的慣例。但我們設想牠們為公或母之後，便執著此事為究竟真實。

你們或許不覺得，但我們就是如此。例如，當你們看見一個女人，你的心朝一個方向轉變。如果看見男人，你們的心朝另一個方向反應，而如果你們看見年輕人，它又會朝另一個方向轉變。這是不折不扣的痛苦之道。你貪愛年輕而憎惡年老，貪著美麗而對平庸或醜陋的人不感興趣。心就如此不斷製造業與苦。

因此即便在走路，阿姜也在教導我們。當他說各種事時，他都是在教導我們。我們應該了解這點，並覺知佛法。「法」無處不在。

後語

關於術語的補充說明：巴利語是上座部經典的語言，但對

於西方讀者熟悉的某些術語，此處也採用它們的梵文版本；因此，以dharma取代dhamma，nirvāṇa取代nibbāna，karma取代kamma。在其他的例子中，則以使用巴利文爲準。書末列出詞彙表以供參考。

序言引用的教導是譯自錄音帶，錄自七〇年代我在場或由其他阿姜查弟子提供的正式與非正式談話。書中的教導都是擷取自以泰語和寮語講述的一百五十捲以上的錄音帶收藏品，它們都是歷經時間與熱帶氣候的摧殘而倖存下來的。那些談話的對象包括出家眾與在家眾，在阿姜查的寺院、泰國其他地點與英、美等地。

有些章節提到關於阿姜查與其弟子的軼事。它們不是以第一人稱的敘事方式表述，而是在標題中掛上他的名字，例如「那也很好——阿姜查的見解」。

在換算佛曆時出了一個錯誤，導致阿姜查的出生日期先前被說爲一九一九年，它應該是一九一八年。

譯 註 ....
①橡樹林文化出版，2002年。
②有關阿姜查與阿姜曼相遇的最重要描述，可參見《阿姜查的禪修世界第一部：戒》
　頁36-39（橡樹林文化出版，2004）。
③見本書第二部第四節，頁65。

第一部 正見

1 了解心

在禪修中，我們努力增長正念，以便能不斷覺知。以精進與耐心去做，心會變得穩固。然後無論我們經歷何種欲境，不管是可愛或可憎的，無論是歡喜或沮喪反應的心境，我們都將清楚看見它們。境是一回事，心是另一回事，它們是分開的兩件事。

認出境是境、心是心
才會獲得自在

我們為某事觸心而感到高興時，便想要追求它。當某事令人討厭時，便想要避開它。這是沒有看見心，而去追逐外境。境是境，心是心。我們必須區分它們，認出心是什麼，境是什麼，然後我們才會自在。

當我們因某人嚴厲地對話而感到憤怒時，那意味著自己被外境迷惑而跟著它們走；心被外境攫獲而隨情緒流轉。請了解，我們經驗到的這一切外在與內在事物都只是假象而已。它們一點也不確定或真實，追逐它們，會使我們迷失自己的方向。佛陀希望我們禪修並看見它們的實相——世間的實相。世

間是六欲境，欲境即是世間。

　　若我們不了解「法」、不認識心，也不認識境，則心與它的對象就會混在一起。然後便會經歷苦，並感到心是痛苦的。我們感到心在游移，不受控制地經歷各種不快樂的情境，變成各種狀態。事實並非如此，沒有許多的心，只有許多的境，若不自覺，不認識心，便會隨著這些事情流轉。人們說：「我的心不快樂」，或「我的心散亂」，但那並非事實。心不是任何事，煩惱才是。人們以為心不舒適或不快樂，但其實心是最舒適與最快樂的東西。當我們經歷各種不圓滿的狀態時，那不是心。記住這點：當你以後經歷這些事時，記得「阿姜查說：『這不是心』。」

真實的心
是光明與清淨的

　　我們正在練習達到心──「本心」（the "old" mind）。這本心是不受條件制約的。其中並無好或壞、長或短、黑或白。但我們卻不滿足於維持這顆心，因為我們並未清楚看見與了解事物。

　　「法」超越世俗心的習慣。在我們訓練良好之前，可能會將正確誤認為錯誤，而將錯誤誤認為正確。因此需要聞法以增

進對「法」的了解，以便能在自己心中認出「法」來。愚痴在心中，理智在心中；黑暗與迷惑存在心中，光明與智慧也存在心中。

　　就如你屋裡有塊沾滿灰塵與油脂的髒盤子或髒地板，使用肥皂與水便能清除汙垢。當汙垢去除時，你就會有塊乾淨的盤子或清潔的地板。在此，被染污的事物是心，當我們正確修行時，就如將髒地板弄乾淨般，會發現一種清淨的事物。當擦掉汙垢時，清淨便會顯現，它只是受到塵垢的遮蔽而已。

　　自然狀態下的心──真實的心，是穩定與無染、光明與清淨的。它是因為遇到欲境，受到好惡的影響，才被蒙蔽或污染。心並非原本就不淨，而是因為不如法而行，才會讓外境有染污它的機會。

　　本心的本質是不動搖的、平靜的。我們不平靜是因為受到欲境刺激，以致成為後續變化心所的奴隸。因此，真實修行的意思是設法返回本來的狀態──「本源」（old thing）。它是找到我們的老家，不隨各種外境而動搖與變化的本心。它原本便是究竟寂滅，是我們本自具足的。

2 了解境

不平靜的因就在我們心裡，當受到內、外境迷惑時，它們便會顯現，我們必須做的是依據正見去訓練心。因為我們並未正確地看見，所以才會走上另一條路，因而經歷各種諸如太短、太長或太什麼的事。「正確」意指在我們的一切經驗——身與心中，看見無常、苦與無我三相。

以離欲與離染的態度
對待五蘊

一切事物皆如實呈現眞諦，但我們有成見與偏愛，總希望它們如自己所願。我們正在練習變得如佛一般，成為「覺世間者」，世間不過是這些境如實相續而住而已。

心的對象生起時，無論是內在或外在，都是欲境或心理活動。這個覺知境者——嗯，無論你想如何稱呼它都好；你可稱它為「心」。境是一回事，而覺知它者是另一回事。一如眼睛與它所看見的形色，眼睛並非形色，形色也非眼睛。又如耳朵聽到聲音，耳朵不是聲音，聲音也非耳朵。當兩者接觸時，事情就此發生。

我們應以離欲與離染的態度，對待眼前這堆積聚物——五蘊（khandha，色、受、想、行、識），因它們並不遵從我們的意願，我認為如此或許便已足夠。若它們僥倖存在，我們不應太高興而忘了自己；若它們瓦解，我們也不應太難過，能看清這點應該就已足夠。

無論我們修觀或修止，像這樣便是如實修行。但今日，在我看來，佛教徒根據傳統解釋談論這些事時，它卻變得模糊不清。實相並非模糊不清，它始終如實存在。因此，我覺得最好找出源頭，觀察事物在心中生起的方式。這並不那麼複雜。

眾生其實並無主人
支配我們生命的是自己

經上說：「此世間眾生，受制於老與無常，無法持久。」「眾生」就是指我們，我們被稱為「人」，也有和我們不同的生命，例如家畜與家禽等畜生。但對一切眾生而言，衰老——身體各部的衰敗，是他們存在的事實。這些事物一直在變化，它們並無存續的自由，一定得依循有為法（saṅkhāra）的方式來進行。眾生世間便是如此，我們發現自己一直都不滿足，愛恨情仇從不曾帶來滿足。我們從不覺得自己擁有的夠多，反而一直覺得有種受阻的感覺。

簡而言之，就如俗話所說，我們是不懂得滿足、不滿意存在現狀的人。因此，我們的心就如一頭不滿意自己尾巴的牛般，無盡地搖擺，一直隨著所遭遇的各種現象而變好或變壞。由於心的不穩定，使我們無論經歷什麼，都一直處於這不滿足的狀態，而變成欲望的奴隸。

身為奴隸是一種很痛苦的狀態，奴隸必須永遠服從主人，即使犧牲生命也是如此。但由於渴愛，我們一直熱切與心甘情願地遵從它的命令。我們因為珍愛自我的習慣，所以才會受到奴役。

這個世間的眾生其實並無主人。支配我們生命的是自己，因為只有我們有權決定行善或行惡，無人能代替我們這麼做。

這世間的眾生本身什麼也沒有，沒有任何東西屬於任何人。以正見看清這點，我們就能放鬆執著，讓事物順其自然。來到世間並了解它的限制，我們做該做的事；以修行波羅蜜（pārami）為己任，自利利他。

3 法爾如是

「法」在哪裡？整個「法」當下便與我們同在。無論你經歷什麼都是，法爾如是。當你變老時，別以為那有什麼錯；當你背痛時，別以為那是某種錯誤；若你痛苦，別以為那錯了；若快樂，也別以為那錯了。

別執著任何情況
只要如實看清它們

這一切都是「法」。痛苦就只是痛苦，快樂就只是快樂；熱就只是熱，冷就只是冷。並非「我快樂，我痛苦；我很好，我不好；我得到，我失去。」有什麼東西是能被人失去的呢？什麼也沒有。

獲得是「法」，失去也是「法」；快樂舒適是「法」，侷促不安也是「法」。意即別執著這一切情況，只要如實看清它們就好。若快樂，你了解：「啊！快樂是無常的。」若痛苦，你了解：「啊！痛苦是無常的。」「啊！這真好！」——這是無常的；「那不好，真糟糕！」——這也是無常的。它們有其限制，因此別抓得太緊。

佛陀教導無常，這是事物的實相──它們不遵從任何人的意願。那是聖諦，無常統治世間，唯有這是恆常的。我們在此受到迷惑，因此這是你應切入觀察的重點。無論發生什麼事，都要如實地認識它。法爾如是，它不停移動與變化，我們的身體就如這般存在，一切身與心的現象都如是存在。我們無法阻止，它們不可能停止。

注意當下
隨時都在遇見「法」

　　不停止，顯示出它們無常的本質。若我們不和這事實抗手，則無論身在何處，都會很快樂。無論我們坐在哪裡，或睡在哪裡，都很快樂。即使當我們老了，也不會有什麼問題。當站起來感到背痛時，你心想：「哦！法爾如是。」它本來就是如此，因此無須和它抗爭。當疼痛停止時，你可能會想：「啊！好多了。」但它並沒有比較好，你還活著，因此一定會再痛。

　　它本來就是如此，因此你必須持續把心轉向這個思惟，別讓它從修行中退卻。持續安住於當下，別太相信世事；要轉而相信「法」，生命就是如此。別相信快樂或痛苦，別跟著世間事物團團轉。

有了這樣的認識，今後無論發生什麼事都別太在意──沒有什麼事是永恆的或確定的，這世間就是如此。從此之後我們有一條道路，一條可處世與自保之道。秉持自己的正念與正知，具備包容一切的智慧，此即和諧之道。並無任何事能欺騙我們，因為我們已進入這條道路。經常注意當下，我們隨時都在遇見「法」。

4 看穿事物——阿姜查的修行

　　阿姜查在修行上有一種勇往直前的特質。他不會從任何困擾自己的事物中退縮。怕鬼（在泰國非常普遍）的他前往墓地待了一夜，他在那裡嚇得隔天早晨尿血，但是隔夜仍再度待在那裡。①

　　他對於自己的弱點毫不隱瞞。當他還是年輕比丘時，性欲對他是個大問題，「當我獨自在森林中修行時，有時會看見猴群在樹上而生起欲念。我會坐在那裡觀看與想像，我會有欲望：『和牠們混在一起，變成猴子也不壞！』這便是性欲的本事——連猴子都能讓我興奮。」

　　被欲望折磨時，阿姜查會將袈裟捲起繫在腰上練習行禪②。他無論走到哪裡，都看見女性生殖器，但他並不屈服；③反之思惟那是過去世與異性交合所留下的殘影，而在此世便要將之做個了結。他會看穿事物，所持的態度是再也無其他地方與時間能做這件事。而且他常說正因為自己煩惱熾盛，才能生起智慧。

譯　註
①有關阿姜查在墓地修行的詳細情況，請參見《阿姜查的禪修世界第二部：定》，頁
　224-249（橡樹林文化出版，2004）。

②行禪即是在行走時修習禪定，禪修者選擇一條步道，來回緩步慢行，這種修法能發展覺知的平衡性、準確性與專注的持久性。它是由注意走路的每個步驟所組成，通常分成六個步驟：（一）舉起腳；（二）伸出腳；（三）腳向前移；（四）腳向下放；（五）腳踏在地面；（六）腳向地面壓下。接著跨出第二步。

③阿姜查談到這段經歷時曾說：「不論是在坐禪或經行，心中不斷浮現女性的生殖器官，性欲強到無法招架的地步，……使我無法經行，因為陰莖一碰到袈裟就起了反應，我於是請求能在森林深處無人看到我的地方，清出一條經行的步道。在幽暗的林中，我將下裙（袈裟）捲起繫在腰上後，再繼續行禪。」（《香光莊嚴雜誌》第65期，頁90）

5 佛與菩薩

你可以說我們是努力成為「覺有情」——菩薩——的有情。世尊過去也是如此做。

心被貪、瞋、痴遮蔽時，即是有情；但當心中有慈、悲、喜、捨等「梵住」（brahmāvihāra）①時，則我們便可稱為「大士」（mahāpurisa）或「菩薩」。即使沒有這些特質的眾生，也可開發它們而終於達到覺悟。成佛者，在過去也只是一個凡人，但他努力修行，使自己成為一位大士——充滿梵住者，因而稱為「菩薩」。然後透過他的持續思惟，以覺悟聖諦，覺悟無常、苦與無我的實相，他達到圓滿智慧並成正覺。因此別以為只有一個佛陀，那個佛陀事實上是真實法（saccadhamma）——真諦，任何覺悟它者皆是佛陀。也許有數百個或數千個佛陀，但他們都將遵循具足正見的相同道跡。

是的，有一個佛陀，這意指正見，凡是有此覺悟者皆與佛陀無異。因此，佛陀與有情眾生並非截然不同，這是必須自行在內心證悟的事。證悟本心的實相，我們將了解它難以言傳或給予別人，也無任何方式可展示它，它無從比擬，超越言語概念。教導別人，我們得依憑外在事物去傳遞觀念，但證悟實相，則必須靠每個人自己去完成。

①「梵住」一詞可解釋為心的超越、崇高的狀態,或似梵、似天的住所,即指慈、
　悲、喜、捨四無量心。這四種心與與瞋心並不相容,類似沒有瞋恨的梵天,精進地
　培養這四種心的人,就達到等同梵天的境界,死後也能投生到相應的梵天界。

6 如實觀

　　佛陀教導我們觀察一切出現的事。事物不會停留，有生便有滅，滅了再生，生了又滅。但迷惑無知者不希望它如此。若我們禪修並變得寂靜，就會希望一直維持，且不希望有任何干擾。但那是不切實際的，佛陀希望我們先觀察事實，並知道它們是虛妄的，然後才可以真正擁有寂靜。當不知道它們時，我們自以為是它們的主人，便落入我見的陷阱。

無常、不確定
即是真諦

　　因此，我們必須回到源頭，找出它如何變成那樣的原因。我們必須如實了解事物，了解它們接觸心與心的反應方式，然後才能得到平靜。這是必須審察的，若我們不希望事物依其自己的方式發生，就無法擁有平靜。無論我們逃到哪裡，事物還是會像那樣發生，這是它們的本質。

　　簡單地說，這是真諦。無常、苦與無我是現象的本質。它們什麼也不是，就是這樣，但我們給事物過多的意義，超過它們真實所擁有的。

要讓智慧生起，其實並不那麼困難，它的意思是尋找因並了解事物的本質。心不安時，你應該了解：「這是不確定的；無常！」心平和時，別沾沾自喜：「啊，真平靜！」因為那也是不確定的。

　　當某人問：「你最喜歡哪種食物呢？」別太認真。若你說真的喜歡什麼食物，那能算數嗎？試著想一下——你如果每天吃它，你還會那麼喜歡它嗎？你可能會說：「嘿，老兄，別再來了！」

　　你了解這點嗎？你到頭來會厭倦所喜歡的那件事。那是因為事物的變易性，這是你應知道的。歡樂是不確定的，痛苦是不確定的，喜歡是不確定的，安定是不確定的，不安也是不確定的，一切事物無疑都是不確定的。因此無論發生什麼事，我們都了解這點，而不會被任何事左右。所有經驗毫無例外都是不確定的，因為無常是它們的本質。無常意指事物是不穩固的，簡單地說，這個真諦便是佛。

　　無常、不確定，即是真諦。真諦明擺在眼前，但我們卻不好好地將它瞧仔細。佛陀說：「見法者即見我。」若我們於一切事物中，看見無常——不確定的本質，便能達到無欲與出離：「哦！這不過如此。啊！那不過如此。每件事其實都沒什麼大不了，它不過如此而已。」心逐漸安住於此：「它不過如此而已，啊哈！」了解這點之後，我們無須在思惟中勉強做什

麼事。無論我們遇到什麼事，心都會說：「它不過如此而已。」它便會停止，就此了結。

不穩固與無常的事一如熱鐵球
有哪處摸了不會燙？

我們將了解一切現象都只是假象，沒有任何事是穩定或恆常的，反之一切事物皆不停地變化，且具有無常、苦與無我的特性。就如一顆已在爐中被燒得火紅的熱鐵球，它哪一部份會是冷的呢？若你願意，試著摸看看，摸頂部它是熱的，摸底部是熱的，摸旁邊也是熱的。為什麼它是熱的呢？因為它是周身通紅的鐵球。若了解這點，我們就不會去摸它。當你感到「這真好！我喜歡它，讓我擁有它！」此時別信以為真；別把它們太當真。它是個熱鐵球。若嘗試摸它任何部份，或想要拿起它，一定會燙到，你會經歷皮開肉綻與流血的許多痛苦。

無論行、住、坐、臥，應隨時思惟這件事。即使當我們在洗手間，或去某地，或在進食，或吃飽後在排泄時，應了解所經歷的一切都是不穩固與無常的，它同時也是不圓滿與無我的。不穩固與無常的事是不確定與虛幻的，它們無一例外，都是不真實的。就如熱鐵球般——有哪處是摸了不會燙的呢？它的每個部分絕對都是燙的，因此別自討苦吃。

這不是太難訓練的事。例如，父母警告小孩不要玩火：「別靠近火！它很危險，你會被燒到！」小孩可能不相信父母或不了解他們在說什麼。但只要她摸過一次並被燒到，從此之後父母再也無須解釋或試圖控制她。

無論心受到多少誘惑或被何事所吸引，你都必須持續提醒它：「它是不確定的，它是不永恆的！」你可能得到一些東西，例如玻璃杯，並開始想它有多漂亮：「多好的杯子，我將妥善保管它，以免它被打破。」此時你必須告訴自己：「它是不確定的。」你可能拿它喝水，並在放下時，一不小心便將它打破。

若今天沒破，它將在明天破掉；若明天沒破，將在後天破掉。一定會被打破的東西是不值得你信賴的。

無常是真實法，事物是不穩固與不真實的，關於它們沒有什麼是真實的，只有這事實是真實的。你對此有異議嗎？它是最確定的事：出生之後，一定會衰老、生病與死亡。這是恆常與確定的實相，這個恆常的真諦奠基於無常的真諦之上。以「不永恆，不確定」的標準徹底檢視事物，人們將能扭轉某事恆常與確定的慣性，然後便可不用再擔驚受怕。

心如實認知事物
知道它們是不確定的

　　佛陀的弟子們已覺悟無常的真諦，他們由覺悟無常，體會到厭離。厭離並非憎惡，若有憎惡，就不是真的厭離，也無法成為解脫道。厭離並非世俗方式的厭世，例如當與家人不睦時，我們或許以為自己真的變成如教法所說的出離，其實不然，那只是我們的煩惱增加，並壓抑了心。「我真的受夠了──我要拋開這一切！」這是出自煩惱的厭離，實際上是你的煩惱變得比有厭離想法之前更嚴重。

　　這就如同擁有「慈心」的觀念，我們自以為對人們與一切眾生具有慈心。因此告訴自己：「我不應對他們有瞋恨，我應感到慈悲。真的，有情眾生是可愛的。」你開始對他們有感情，最後演變成貪愛與執著。小心這點！它不只是我們平常所說的「愛」，這不是如法的慈心，而是摻雜我見的慈心。這類似一般的「厭世」：「啊！我真的徹底厭倦它了，我要跳脫出來！」那是不折不扣的大煩惱，而非出離或離欲，只是空有其名而已，並非成佛之道。若它是正確的，就應有捨──沒有憎惡與攻擊，不會對任何人造成傷害。他不會抱怨或挑剔──只將一切視為空的。

　　那個空意指心是空的，是對事物不執著的空，並非一切皆

無，沒有人或外境。有空的心，有人與物，然而心如實認知它，知道某事是不確定的。事物被如實照見——依循它們的自然軌則進行生與滅的律動。

例如，你可能有只花瓶，覺得它是很棒的東西，但從它的角度而言，它是無差別地存在。它不言不語，只有你一廂情願地對它有感覺，並愛得死去活來。若你不喜歡或討厭它，它並不會受到影響，那是你的事，對它毫無差別，而是你有好惡的感覺並執著它們。我們判定各種事物是好或壞，「好」擾亂我們的心，「壞」也是如此，兩者都是煩惱。

我們無須逃往別處，只需要檢視與觀察這點。這是心的實相，當我們討厭某樣事物時，那對象不會受到影響，它還是如實存在。當喜歡某樣事物時，它不受我們的喜歡影響，它依然如實存在。我們只是使自己瘋狂，如此而已。

你認為一些東西很好，你看其他東西很偉大，但這些觀念都只是你的自我投射而已。若你覺知自己，將了解這一切事物都是平等的。

一個簡單的實例是食物，我們覺得這種或那種食物很好。當看見桌上的佳餚時，我們覺得它們很吸引人；一旦它們通通進了胃裡，那就另當別論了。但我們看著不同的盤子，並說：「這盤給我，那盤是你的，那盤是她的。」當我們將它們吃下肚並從另一端排出的時候，大概沒有人會爭奪它，並說：「這

是我的，那是你的。」難道不是這樣嗎？你還會占有它並貪愛它嗎？

這是簡短與簡單的說明。若看清楚並下定決心，一切事物對你都將具有相同的價值。當我們生起貪欲，並以「我的」與「你的」等方式去思考時，一定會陷入衝突。但當以平等心去看事情時，就不會認為它們屬於任何人——它們只是如實存在的因緣法。無論所吃的食物多麼精緻，一旦排泄出來後，沒有人會將它撿起並認為它有什麼了不起，沒有人會搶奪它。

了解一切皆無常
就能放下事物

當我們了解此一平等法——一切存在皆具相同本質的時候，我們會鬆開執著，放下事物。我們看見它們是空的，內心平靜，對它們不會有愛或恨。經上說：「涅槃是無上樂；涅槃是畢竟空。」

請仔細聆聽此事。世間的快樂並非無上與究竟的快樂，我們臆想為空的事不是無上與畢竟的空。若它是畢竟空，就不會再有貪愛與執著；若它是無上樂，就會有平靜。但我們所知道的平靜並非無上的，快樂也不是無上的。如果我們達到涅槃，則空是無上的，快樂也是無上的。其中有個轉化，快樂的特質

被轉化為平靜，有快樂，但是我們不會賦予它任何特殊意義；也有痛苦，當這些事發生時，我們平等視之。它們的價值是相同的。

喜歡與不喜歡的感官經驗是相等的，但當它們觸及我們時，我們卻不平等視之。若事情令人高興，我們喜不自勝；若令人難過，則巴不得毀了它。因此，它們對我們而言是不同的，但事實上它們是相等的。我們必須如此修行：它們在不穩固與無常這件事上，是平等的。

這就如食物的例子。我們說這種食物很好，那盤食物很棒，另外那盤極妙。但當它們最後進到肚子裡然後排泄出來時，則通通都一樣。那時你不會聽到任何人抱怨：「我怎麼分到這麼少？」那一刻我們的心對它並無染著。

若我們並未證悟無常、苦與無我的真諦，則不會有痛苦的止息。若保持正念，則隨時都可看見它。它就存在於身心之中，我們不難看見它，可以在這裡找到平靜。

7 那也很好——阿姜查的見解

西方人最初抵達巴蓬寺的時候，由美籍僧人蘇美多比丘（Sumedho Bhikkhu）擔任他們的翻譯與顧問。幾年後，蘇美多前往印度，之後由一位隨阿姜查學習一年多的年輕美籍僧人接替他的翻譯工作。有天一些烏汶（Ubon）美國空軍基地的摩門教徒，請求在他們的教堂舉辦一次佛教講座，這份工作就落在這位年輕的譯者身上。

阿姜查那天下午本來要親自前往，但因故取消，他敦促該比丘，「你聽過『應急的醫生』嗎？」他問。比丘說沒聽過。

阿姜查繼續說：「有真正的醫生與應急的醫生。真正的醫生上過醫學院，受過完整的醫師訓練。但當附近並無這樣的醫生，就如在此地的鄉下地方時，必須有人替補。他要會打針、清理傷口與開藥——那就夠了。那是應急的醫生。」

於是這位比丘只得硬著頭皮上場授課，他的同行比丘們則從旁協助並幫忙回答問題。那晚回到寺院，當他在行禪時，談話的話語持續在腦海迴繞。隔天他對阿姜查提起此事，「我的談話徹夜縈繞不休！」他告訴他。

阿姜查笑了，並且說：「哦，那也很好（他的慣用語之一）！它正在讓你看見無常、苦與無我。」

8 佛陀的靈感

佛陀在覺悟前，如此尋思推求：有黑暗，就有光明；有熱，就有冷；有生與死，也必有超越生與死的狀態。他不好高騖遠，就只思惟這麼多。他真心誠意地根據這見解修行，不走捷徑。

佛陀專注於修行，從不退卻，因為他心中有這種確定感，既然有黑暗，就一定有光明；有喜悅與快樂，就一定有哀傷與痛苦；有熱，就一定有冷可以解除它；有出生，則無疑就應有無生以對治它。有了這個想法，令他感到篤定。沒有人告訴他這點，這是他過去世修行圓滿所產生的心態與性格。

有了這樣的見解後，他離家苦行六年，精進修行毫不退縮與鬆懈，顧不得疲勞與艱辛。他希望正本清源：「事物來自何處？痛苦從何而來？」他持續不斷地觀察，直到了解它來自於「生」。我們因「生」而痛苦。

「生」從何而來？它來自「取」，他便專注於執取。生、老、病、死、憂、悲、苦、惱都隨它而來，這就是輪迴。①

有「生」，而「生」是各種痛苦產生的因。因此，若有「生」，那是否有個「不生」之處呢？他進一步思惟此事，並斷定確實應該有：有熱，就有冷；有樂，就有苦；有樂與苦，就

一定有個超越苦與樂之處。有生與死的領域，因此無疑地一定有不生與不死，他逐漸相信此事並決定證悟它。最後他覺悟到，知苦、知苦因、知苦滅與知苦滅之道，是覺者——聖者（ariya）之道。無須懂得太多，只有這是必須知道的事。這是「道」，所有人都必須遵循的道路，修行者無須另覓蹊徑。

譯 註

①此即十二緣起：「無明」緣「行」，「行」緣「識」，「識」緣「名色」，「名色」緣「六入」，「六入」緣「觸」，「觸」緣「受」，「受」緣「愛」，「愛」緣「取」，「取」緣「有」，「有」緣「生」，「生」緣「老死」。

9 放寬視野

　　有天一個豬農來看我，向我抱怨他的事業：「天啊，這個年頭眞難過！飼料的價格上漲，豬肉的價格卻下降，我快要破產了！」

　　聽完他的怨言，我說：「先生！別爲你自己感到太難過。若你是一隻豬，那才眞的要爲自己感到難過。豬肉價格高時，豬隻要被屠宰；價格低時，仍要被屠宰。豬隻眞的才該抱怨，人們沒什麼好抱怨的。請認眞想想此事。」

　　他只擔心得到的價錢，豬隻有更多要擔心的事，但我們卻不會想到那點。我們不會被宰殺，因此總會找到方法渡過。

10 佛陀的追尋

　　佛陀剛開始追尋解脫時，找到當時最著名的一些老師。首先他去參訪沙門阿羅邏（Āḷāra）①，他看見他和弟子們正在入定，心想那可能會帶來安穩，便觀察他們如何打坐：盤腿、挺直身軀與闔眼。他從未看過這種事，那令他印象深刻。他請求待在那裡，並精進地學習與修行——專注於呼吸。

四禪八定
並非通往離苦之道

　　但他最後了解到一個重要的事實，那並非一條可解脫痛苦的道路。為什麼？因為他觀察自己的心，看見在出定後，它會開始思考與漫遊，它還有一些殘餘的習氣，會到處引生事端，因而明瞭自己仍要繼續努力。在阿羅邏處逗留一段時間後，他繼續自己的追尋。是的，那是一條道路，但並非通往離苦之道，因為心仍繼續貪取。

　　他繼續去會見下一個老師——鬱陀迦（Uddaka），並修習四禪八定，達到一種極微細的心境——「非想非非想處定」②。他能在這個定境中維持一段很長的時間，但最後再度了

解，它並非正確之道，因為當他回到平常的狀態時，心又回到它的老習慣，背起舊包袱。

這還是禪定的層次，是定的本質。無論心變得多麼微細，有微細就意味著也有粗糙。所以慧便由此開始生起：人們可達到這些極端微細與深奧的境界，但耽溺於這種禪悅，卻也創造了粗法生起的可能性。

以「觀」證悟三相
如實了知事物

佛陀更深入觀察，他了解若繼續處於這種定境，將無法成為「戰勝煩惱者」（Jināsava）。不可能了結諸法，若有「生」，接著就會有無盡的老、病與死；他也了解貪愛是此事的因。他清楚地審視，直到達到出離與轉向。他看見過去無始以來，自己一直在三界中浮沈，至今猶處於這大苦海中，永無止盡。即使得到世間一切財富與享受，他仍會痛苦。如今他對此非常確定，在心中看見無常、苦與無我，看見諸法有生必有滅。

他繼續如此修行，也對此愈發確定。他達到四禪八定，但智慧仍未生起。若要有智慧，就必須要有「觀」（vipassanā），意即如實了知與放下——放下粗與細。

要達到不再有粗細餘習的境界，他該如何做呢？應如何修

行？他持續思惟，觀察心的一切對象，一切境接觸心，並看見它們都擁有三相——無常、苦與無我。這是觀禪的對象，它們讓心能如實地看見事物。

了解這點之後，當現象出現時，他不追逐它們。他保持不動，以此抉擇事物。他以「觀」的方式證悟這三相，當任何事物接觸心時，都據此加以抉擇。他如實了知事物，因此不執著它們，而如此修行也成為沒有貪愛的因。

譯 註
①佛陀在證悟前，曾先後隨阿羅邏與鬱陀迦學習，他們是當時印度數論派的先驅，教示以苦行或修定為主，最終以生天為目的。佛陀依阿羅邏的指導，達到無所有處定；依鬱陀迦的指導，達到非想非非想處定。
②非想非非想處定屬於無色界定的一種。禪修者在入於無所有處定之後，會發現這心念很粗，而想要超過無所有處之想，以及識處以下所有想，故名「非想」；但此境界又並非如無想定與滅盡定，一切諸想皆悉滅盡，仍有微細想，緣無相境轉，故名「非想非非想處定」。

第二部　無常

1 調伏我們的心

　　無論出現何種心境——快樂或不快樂，都別在意，我們應經常提醒自己：「這是不確定的。」

　　人們通常不太考慮「這是不確定的」，但唯有這才是智慧生起的關鍵因素。要想停止我們的來去並得到歇息，只需要說：「這是不確定的。」有時我們可能心煩到掉淚；那是不確定的事，當貪或瞋的情緒出現時，只需要提醒自己這件事。無論行、住、坐、臥，不管出現什麼事都是不確定的。你難道做不到這點嗎？無論發生什麼事都持續如此做。試試看。你不需要太多東西——只要這個就能發揮作用，它會為你帶來智慧。

　　我禪修的方式不是很複雜——如此而已。將一切都歸納到：「它是不確定的。」一切事物皆匯聚於此。

　　你無須注意各式各樣的心理經驗。當坐禪時，可能會出現各種心情，看見與認識各種事，體驗各種狀態。別注意它們，且別捲入其中。你只需要提醒自己它們是無常的，這樣就夠了，這很簡單，很容易做，然後就可以不管它。智慧自然會生起，但屆時別過度勉強了解或執著它。

　　對事物的這個了解永遠都是及時與適當的。無論何時，都是無常在作主，這才是你應該禪修的事。

智者眞實與正確的箴言絕對少不了提到無常，若未提到無常，就不是智者之言，也不是覺者之言，它就被稱爲不符合眞實法的言論。

　　在我看來，一旦我們擁有正確的認知，便能調伏心。這調伏的指令是什麼呢？是無常，了知一切事物都是無常的。一切事物在我們清楚看見的當下止息，並成爲我們放下的因，然後我們讓事物如實存在。若事情未發生，我們便安住於捨，若有事情出現，則思惟：是它造成我們有苦的嗎？我們是否以貪取心執著它呢？那裡有什麼嗎？此事支持與維繫我們的修行。若我們修行並達到這點，我想每個人都會了解安穩的眞實義。若達到這個洞見實相的境界，我們會成爲單純與無欲的人，滿足於所擁有的事物，容易溝通並謙和有禮，沒有難題或麻煩，而會活得很自在。一個禪修而心獲得寂靜的人，將會是如此。

2 許多煩惱——阿姜查在說笑

　　阿姜查反覆談到「不確定」，他也設法確保寺院中的生活反映存在的實相，弟子們學習不執著慣例、期待、財物，甚至不執著阿姜查而生活。

　　在晚年，隨著阿姜查的步履變慢，他會去最接近寺院的村莊托缽。通常在僧侶們魚貫進入村尾，當最後的施主布施完米飯時，一個沙彌或年輕比丘會接過他的缽，多數隨行人員會繼續前進，在經過他時微微低頭鞠躬並合掌致敬。他經常由一位年長比丘陪同，但偶爾也會獨行。有時當你低頭通過時，他會叫你的名字，這時你要亦步亦趨地跟在他後面。

　　在一個這樣的早晨，他開始問我關於曾待過分寺住持們的情形。當我們談到阿姜悉努安（Ajahn Sinuan）——一位資深弟子，現在是擁有自己寺院的住持，曾是阿姜查喜愛的代人受罪者之一時，我說我最後覺得阿姜悉努安有點懶惰且喜歡遊蕩，和他所自稱精進行者的聲明全然不符。

　　「對，」阿姜查說：「跟我一樣……我有許多煩惱，我喜歡閒蕩。」我了解他是在逗我，但聽到這番話我還是很驚訝，不知說什麼才好。接著阿姜查把頭靠向我，壓低嗓音煞有其事地說：「聽著！我正打算還俗，我要你幫我找個好女人。」

3 它是無常的、不確定的

　　我們把焦點放在當下之法上,在此可以放下事物並解決困難。就是現在、目前,因為現時兼具因與果,現在是過去的果,也是未來的因。我們現在坐在這裡是過去所造的果,而現在所做的事則將成為未來經驗的因。

清楚覺知當下
了解一切事物都不確定

　　因此,佛陀教導我們拋開過去與未來。所謂拋開並非指真的把什麼東西丟掉,而是持續處於當下這一點——過去與未來的交會處。因此「拋開」只是種表達方式;真正要做的是清楚覺知當下,在那裡可找到各種因與果。我們觀察當下,並持續看見生與滅、生與滅。

　　我一直說:現象出現在當下時刻,但它們是不穩定與不可信賴的。但人們並不真的關心它,很少如此看待。無論發生什麼事,我都會說:「啊!這是無常的。」或「這是不確定的。」這非常簡單。無論發生什麼事都是無常與不確定的,但我們並未看見或不了解這點,因而變得疑惑與苦惱。我們反而在無常

的事物中看見恆常，在不確定的事物中看見確定。我解釋它，但人們不把它當一回事，他們到頭來還是在無盡地追逐事物中過活。

真的，若你達到平靜，將活在我所說的此時此地，在當下這一點上。無論出現什麼，任何快樂或痛苦的形式，你都將看見它是不確定的。這個不確定本身就是「佛」，因為不確定是「法」，而「法」即是「佛」。但多數人卻認為「佛」與「法」是在他們之外的事。

在心開始了解一切事物在本質上都是不確定時，貪愛與執取的問題便開始消散與瓦解。若我們了解這點，心便會開始鬆開並將事物放下，不貪戀事物，而執取也會隨之結束。當它結束時，人們必將證法；這已是最後一關。

活在當下
疑惑將就此結束

當我們禪修時，就是希望了解這件事。我們希望看見無常、苦與無我，而這從看見不確定開始，當清楚洞見它時，就能放下。當我們感到快樂時，看見「這是不確定的」。當感到痛苦時，看見「這是不確定的」。當想起去某個地方不錯時，了解「它是不確定的」。當認為待在所在處很好時，了解「這

也是不確定的」。當完全明瞭一切事物都是不確定時，我們將會活得很自在，然後能待在所在處並感到舒適，或去其他地方並感到舒適。

疑惑將就此結束，它們將藉由修習「活在當下」而結束，無須對過往感到焦慮，因它已經過去。一切過去曾發生的事，都已在過去生起與消失，如今它已結束。我們可放下對未來的擔心，因為一切在未來將發生的事，都將在未來生起與消失。

當在家信眾來此供養時，他們唸誦：「最後，願我們未來終能達到涅槃。」他們並不確知那是在何時或何處，它是如此遙不可及。他們不說「當下」，而說「未來某個時候」。它總是某處，某個時候的「彼處」，不是「此處」，而是「彼處」。在下一世它將也是「彼處」，並在未來幾世也都是「彼處」。因此，他們永遠無法到達，因為它總是在「彼處」。

就如人們邀請一位老比丘去村裡接受供養並說：「法師！請去那個村裡托缽。」然後當他走到下一個遙遠的村莊時，他們說：「法師！請去那個村裡接受供養。」他繼續往前走，但無論他到哪裡，他們都告訴他：「請到那裡接受供養。」這個可憐的老傢伙永遠看不到一口食物；他只是持續走到「那裡」，然後「再到那裡」，卻始終一無所獲。

我們似乎就像這樣，從來不說「現在這裡」。為什麼？難道現在有什麼問題嗎？那是因為我們還與事物糾纏不清，還愛

戀世間，捨不得放棄它。因此比較喜歡讓它留到「未來某個時候」。就如有人敷衍老比丘供養的談話：「法師！請到那裡接受供養。」因此為了維生，他一直「到那裡」尋找供養，但它永遠不是「這裡」，所以他永遠得不到任何食物。

認知諸行無常
在當下完成修行

讓我們談談現在、這裡——當下。修行真的可以在當下完成，我們無須瞻望未來，無須為某事擔憂，只需要觀察當下之法，並看見不確定與無常。然後，「佛心」或「覺知者」自會出現，它是透過認知諸行無常而增長的。

智慧便在此處生起，禪定——心一境性，可在此處增長。住在森林中有平靜——當眼睛不看、耳朵不聽時有平靜。心因為沒有見與聞而平靜，而非沒有煩惱而平靜。煩惱還在那裡，只是那時它們沒出現而已。就如水中有沈澱物般，當它靜止時很清澈，但當它被擾動時，髒東西就會浮現並遮蔽它。在修行中也是如此，當你見色與聞聲，或有不愉快的經驗，或身體感到痛苦時，便會受到擾亂。若這些事未發生，你則感到舒適，但那是帶有煩惱的舒適。

你可能想要得到某樣東西，例如相機。若你得到一台，會

感到快樂。在擁有它之前你都不滿足，最後當終於如願以償時有些興奮。若它被偷了，你就很難過，快樂不見了。因此，在你能得到想要的東西之前，你不快樂；當得到它時，有快樂；然後當它不見時，又有不快樂。

來自平靜生活環境中的禪定也是如此。因為被平靜的狀態取悅而有快樂，但快樂也僅止於此而已，因為心仍在貪求變易事物的影響之下。過一陣子之後它就會消失，痛苦將取而代之——就如相機被竊賊偷走時一樣。有禪定的平靜——止禪的短暫平靜。

我們必須更深入觀察此事，若未覺知它的無常，則所擁有的一切在失去時都將成為痛苦的來源。若覺知它，則可善加利用，而不會讓它們成為負擔。

你可能想做生意，需要從銀行貸款。若你盡了一切努力，卻仍得不到它，便會有些痛苦。最後銀行可能同意借錢，你又感到高興。你的高興持續不了幾個小時——因為利息將開始累計。過一陣子，那將成為你的憂慮：無論你在做什麼，即使只是坐在扶手椅上，他們都將扣你利息，於是為此而有痛苦。早先，有痛苦是因為得不到貸款；當你得到時，似乎一切搞定，什麼問題都解決了；但當必須開始考慮貸款利息時，痛苦又回來了。

因此，佛陀教導我們觀察當下，看見身與心的無常，以及

諸法的生與滅，對它沒有任何貪愛。如果能做到這點，我們就會感到平靜。這平靜是來自於放下，而放下源自於智慧，智慧則從思惟無常、苦、無我、經驗的實相，以及在內心洞見實相而來。

依此修行，我們一直在內心清楚看見。現象生了又滅，滅已又有新生，生已還有滅。若我們對發生的事產生執著，痛苦便從那裡生起；如果放下，痛苦則不會生起。我們在內心看見這點。

發現法爾如是
擁有真實的平靜

像這樣禪修時，我們對佛法將生起淨信，可做到只需要在當下觀察自心，放下過去與未來，而只看現在，持續在每件事情上都看見無常、苦與無我。走路，有無常；站立，有無常；坐下，有無常，那是事物本具的實相。若你去尋找確定或恆常，只會發現法爾如是，它不會變成別的方式。當你的見解如此成熟時，就會在平靜之中。

難道你認為在孤寂的山上禪修就會擁有平靜嗎？你也許暫時有平靜，但當那裡的生活艱辛壓得你喘不過氣來時，便會開始感到飢餓與疲乏。所以你下山到城裡，那裡有許多美食與慰

藉。但之後，你又會認爲它妨礙修行——最好再去某個偏遠的地方試試。

確實，因獨居而痛苦者是愚蠢的，而因共住而痛苦者也是愚蠢的。這就如雞糞：你若將它們放在身邊，它們臭不可聞；若你和別人共處時帶著它們，它們一樣很臭，因爲穢物一直都和你同在。

若我們很敏銳，可能覺得和許多人同住並非平靜的環境，那在某種程度上而言是正確的，但那也可能成爲獲得智慧的因。我從擁有許多弟子當中，培養出一些智慧來。在家衆大量前來，許多比丘也前來希望成爲弟子，每個人都有自己的看法與性情。我經歷許多不同的事情，必須面對各種情況，耐心與毅力因而增強，達到能容忍它的程度，能一直保持修行，然後一切經驗都變得有意義。

但若我們的了解不正確，問題則將無解。獨居很好——直到我們受夠它爲止；然後認爲最好住在團體中。有簡單的食物似乎不錯，但有許多食物似乎才是正確的方式。當我們無法徹底解決心時，它就會一直都像那樣。

了解一切事物都是不可信賴的之後，我們將視一切匱乏或豐盛的情況爲不確定，且不會執著它們，無論行、住、坐、臥，都注意當下。之後停留也很好，旅行也很好，一切都會很好，因爲我們正專注於如實觀的修行。

人們說：「阿姜查只談『不確定』。」他們聽膩了這個，因此離我而去。「我們去聽阿姜查教導，但他說來說去都是『不確定』。」他們再也無法忍受聽聞同樣的老東西，因而離開。我想他們要去尋找某個事情是確定的地方，但他們一定會再回來。

4 一則「放生」的故事

　　我出家後便開始修行，研究之後修行，並生起信心。我想到世上眾生的生命，似乎都很悲慘與可憐。

　　它為什麼可憐呢？所有的富人都很快就會死亡，不得不拋下豪宅，留給後代子孫去爭奪遺產。當看見這種事發生時，我便有這個感慨。它讓我對富人與窮人、智者與愚者一樣感到悲哀──每個活在這世間者的處境都相同。

思惟自己的戒、世間與眾生
能帶來離染與離欲

　　思惟自己的戒、世間的情況與眾生的生命，能帶來離染與離欲。佛法讓這些感覺充滿我的心，喚醒我。無論遭遇什麼情況，我都保持清醒與警覺。那意味著我已開始擁有一些佛法的智慧，我的心被照亮了，覺悟了許多事。在自己的生活方式中，我感到喜悅──一種真正的滿足與高興。

　　簡單地說，我覺得自己和別人不同。我是個成熟與正常的男人，但可以在森林中過比丘的簡單生活，沒有任何後悔或遺憾。當看見別人有世俗的牽絆時，我認為那才是需要懊悔的。

我對於所選擇的修行之道生起真實的信仰與信任，這信心一直支持我到現在。

　　現在，佛道──指導人們誠實、向上與相互慈悲的正直教法，在許多地方似乎已被遺忘，取而代之的是混亂與苦惱。人們在各地汲汲營營地生活，然而都只是在自尋煩惱。佛陀教導我們在此生為自己與別人謀福利，並謀求心靈福祉的究竟利益。我們應現在、當下就做，應尋找能幫助自己那麼做的知見，讓自己能好好地過活，妥善利用本身的資源，以正命的方式努力工作。

　　思惟禪修的生活──我們所採行在平靜與單純中安住與修行的生活方式，並長養對有漏世間離欲的不變態度，則我們的修行將會進步。經常思惟七覺支，禪悅自會生起，令體毛直豎。①而在思惟我們的生活方式，比較現在與過去的生活時，會有一種喜悅的感覺。

思惟捕食魚與青蛙的惡業
出家修行

　　多年以前，當我還是個年輕比丘時，曾教導過一位哲人。他是位在家施主，來此禪修，並在早期巴蓬寺的朔望日持八戒，但仍會去釣魚。我嘗試進一步指導他，卻依然無法解決這

個問題。他說他並未殺魚，而是牠們自己來咬他的釣鉤。

　　我持續教導，直到他感到有些悔意，對於釣魚感到慚愧，但仍繼續這麼做。然後他的講法變了，他把魚鉤放入水中並宣佈：「只有大限已至的魚才來吃我的鉤，你的時間若還未到，就別來吃我的釣鉤。」他已改變藉口，但魚還是來吃。最後他開始看牠們，魚嘴被魚鉤鉤住，他感到有些不忍，但仍無法下定決心。「哎呀！我告訴牠們，牠們的時間若還未到就別來吃我的鉤，若還是要來，我有什麼辦法？」然後他想：「但畢竟牠們是因我而死！」他反覆思惟這點，最後終於罷手。

　　然後是青蛙，他無法不抓青蛙來吃。「別這麼做！」我告訴他：「好好看看牠們！你若無法停止殺死牠們，那麼就請你先看看牠們。」所以他拿起一隻青蛙來看。他看著牠的臉、眼睛與腿。「天啊，牠看起來就像我的小孩！牠有手臂與腿，眼睛張開，牠正在看我！」他感到心痛，但還是殺死牠們。他就這樣逐隻觀察，然後殺死牠，心裡覺得他正在做壞事。他的妻子催促他，說若不殺死牠們，他們就沒東西可吃了。

　　最後他再也受不了。他捕捉青蛙，但不再折斷牠們的腳；從前他會折斷以防止牠們跳走。不過，他仍無法讓自己放走牠們。「嗯，我只是在照顧牠們，在這裡餵牠們。我只是在飼養，其他人會怎麼做我不知道。」但他當然知道，其他人會殺來煮食。過一陣子，他只好承認這點：「無論如何，我已斬斷

自己百分之五十的惡業，另外有人進行宰殺。」

這開始讓他抓狂，但他還是放不下。他把青蛙留在家裡，再也不會折斷牠們的腳，但妻子會如此做。「那是我的錯，雖然我沒有這麼做，但她是因為我而犯過。」最後他徹底放棄。但之後妻子開始抱怨：「我們要怎麼辦？我們要吃什麼？」

他現在真的是左右為難。當他來到寺院時，我告誡他應怎麼做；當回家時，妻子又告誡他應怎麼做。我告訴他別那麼做，妻子則慫恿他去做。怎麼辦？真苦啊！他心想。來到這世上，我們就得像這樣受苦。

最後，妻子也只得放下，他們因此停止殺青蛙。他在田裡工作，照料水牛，之後他有了釋放魚與青蛙的習慣。當看見魚在網中被捕獲時，他會放牠們自由。有天他在工作時去鄰居家裡喝水，無人在家，卻聽到有碰擊的聲音，他感到困惑，最後才發現原來是鍋裡有一些青蛙正試圖逃脫。他環顧四周確定沒人來，就把牠們通通放生了。

不久之後，朋友的妻子回來準備晚餐。她打開鍋蓋，發現青蛙都不見了。她馬上猜到發生了什麼事：「一定是那個心地慈悲的傢伙。」

鄰居的妻子設法抓到一隻青蛙，並且用牠做了一盤辣椒醬。他們坐下來吃飯，當他要拿飯糰去沾辣椒時，她一把抓住他的手腕，並說：「嗨！好心人！你不該吃那個！那是青蛙辣

椒醬。」

這太過分了，真可悲，就只爲了生存並想餵飽自己！想到這點，他再也無法忍受。他已經是個老人，因此他決定出家。

他在當地寺院出家，儀式之後，他問戒師應做什麼。戒師告訴他：「你若眞的有心於此，便應該禪修。追隨一位禪師，別待在俗家附近。」他了解，因此決定如此做。他在寺裡過了一夜後於清晨離開，詢問哪裡可以找到當時最有名的禪師——阿姜通拉。

他將缽掛在肩上開始行腳，一個連僧袍都還穿不太好的新比丘，但他毅然決然前往尋找阿姜通拉。

「法師！我的生活中沒有其他目標，我希望將身體與生命奉獻給你。」

阿姜通拉回答：「很好！很有福氣！你差點錯過我，我正準備啓程。頂禮之後，找個地方坐下。」

新比丘問道：「現在我已出家，我應該怎麼做呢？」

他們正好坐在一根老樹幹旁。阿姜通拉指著它說：「讓你自己像這根樹幹一樣，其他什麼也別做，就只要讓你自己像這根樹幹一樣。」這就是他教導他禪修的方法。

阿姜通拉啓程上路，這名比丘則待在那裡思惟他的話：「阿姜教導我讓自己像一根樹幹，我該怎麼做？」無論行、住、坐、臥，他都不斷思惟這點。他思惟如何先有一顆種子，

它如何長成一株樹，茁壯，成熟，最後被砍倒，只剩下一根樹幹。現在它是一根樹幹，它再也不會長大，開不出花來。他持續在心中思惟這點，反覆地想，直到它成爲禪修對象爲止。他擴大它，將它運用到世上一切事物上，然後他轉而向內，把它運用在自己身上：「不久之後，我也可能會像這根樹幹般，成爲無用之物。」

　　了解這點之後，讓他下定決心絕不還俗。心一旦變得如此堅定，就沒有任何事能阻止它。

心達到安止
智慧就能洞見事物

　　所有人的情況也是如此，請想想這點，並嘗試將它運用到你的修行上。生而爲人是困難重重的，它不只到目前爲止對我們是困難的，未來也是如此。年輕人會長大，長大後會衰老，衰老後會生病，生病後會死亡。它一直如此進行，無盡變化的循環永遠不會結束。因此，佛陀教導我們要禪修。

　　禪修時，首先我們必須修定，亦即讓心不動與平靜。如同臉盆裡的水：若一直把東西放進去並攪動它，它將始終是混濁的。若一直讓心思考與擔憂，我們永遠無法看清任何事。但若讓盆子裡的水沈澱與靜止，就能從中看見各種被映射的事物。

一旦心達到安止，智慧就能洞見事物。智慧的光明，勝過其他任何一種光。

譯 註 ....
①「喜」是喜歡或對所緣有興趣，進入初禪時，會有喜禪支生起，以對治五蓋中的瞋恚蓋。喜可分為五種：「小喜」能令體毛直豎；「刹那喜」有如閃電；「繼起喜」有如拍打海岸的波浪，一陣陣流遍全身；「踊躍喜」能令身體躍入空中；「遍滿喜」有如洪水注滿湧動般，遍布全身。

5 一位困惑的禪者遇見佛陀

在佛世時，有個受人尊敬的長老，他是位認真的禪者。他希望窮究事物的本源，因此去隱居修定。

疑惑無人能代為解決
必得自己去證悟

他的禪修有時平靜，有時則否，他無法使它穩定下來。他有時懶惰，有時又很精進。因此他開始有些疑惑，便想需要學習更多的修行方法。他聽到關於各種老師的傳言：「某某上師真的很好，他的修行與教法都很傑出，名聞遐邇。」於是他去尋找那位老師並學習修行方法。學了一陣子之後，又會再回頭去修自己的法門。

然後，修習那位老師所教導的東西之後，他發現有些事和自己的觀念相符，有些則不然，疑惑持續產生。他聽到有人稱讚另一位老師，於是便又去向他學習，然後再拿它來和先前學過的教法相比。他一直在學習與比較，導致教法混淆，甚至和自己的觀念相衝突。因此，疑惑不但未減少，反而還更加深。

接著又有各種修定的方法，他都一一考慮並加以嘗試，結

果只是讓心更散亂而已——那無法為他的心帶來專注。他筋疲力竭，仍和以前一樣充滿疑惑。

有天他聽到關於喬達摩比丘的傳聞，說他真的是個很特別的人，於是他又再次前往。

他抵達佛陀所在地，聆聽法音。喬達摩說：「想要從別人的話中得到覺悟將無法去除疑惑。他聽得愈多，疑惑就愈多；他聽得愈多，就會變得愈迷惑。」

世尊接著說：「疑惑是別人無法代替我們解決的，別人只能解釋和疑惑有關的事；它是供我們運用在自己的經驗上，我們得自己去證悟。」

佛陀教導：「於此身內是色、受、想、行與識。這些已是我們的老師，供給我們智慧，但它需要正確的禪修與觀察。你若想要去除疑惑，你就應停下來觀察身與心。

「拋開過去！無論你做了什麼善事或惡事，將它們都拋開，現在還執取它們並無益處。一切的善都已過去，一切的惡也都已成過往。

「未來還沒到。將來的事將在未來生與滅。當它發生時，你應覺知它，並毫不留戀地拋開它。

「過去發生的一切都已消失，現在你為何還要回想它呢？如今你無須再和它糾纏不清。你無須停止任何思想或認知，只要在想到或認知過去時，清楚覺知它並放下它即可，因為它是

已結束了的事。

「未來還沒到。當未來的思想生起與消失時，覺知它們，放下它們。過去的思想是無常的，未來是不確定的，覺知它們，放下它們。觀察當下、現在。觀察你當下經驗的現在之法。別以為有某個老師能為你解決疑惑。」

向內覺察
親自去了解

佛陀不稱讚那些相信他人者，因他人的話語而高興或沮喪者，佛陀不稱讚這樣的人。了解某人所說之後，他應放下，不應執著，因為那些話是別人的。即使它們正確，也是對那個人正確。若我們不內化它們，使之在心中是正確的，則它們永遠不是真的對我們正確，疑惑當然不會止息：「它是正確的嗎？那個老師是正確的嗎？這個老師是錯誤的嗎？」這表示我們並未試著去了解那個真實意義，因此，我們也還不被佛陀稱讚。

我一直教導「法」的這個面向——向內觀、向內覺察、親自去了解。某人若說某事是正確的，還不要相信他。「對」與「錯」都只是別人所說。無論你聽到什麼教導，內化它，並試著於當下了解它的真相。

同樣的修行對不同的人將不會一樣，因為他們的智慧程度

不同。我們去見禪師並嘗試了解他們的方式，觀看他們的方法與行為，但這是觀看外在。對於他們的修行，我們所能見到的只是外面面向，若我們如此切入，則疑惑將始終存在：「為什麼這位老師用這個方法修行？為什麼那位老師用那個方法？為什麼有人教很多，有人教很少，有人則什麼也不教？」這真的會讓你感到困惑。

尋找正確的方式不能依靠這些事，它得靠每個人依正道而行。我們可以拿別人當範例，但必須深入內心觀察才能斷除疑惑。因此，佛陀教導那位長老觀察當下，別讓心跑到過去或未來。

因此在一切情況中，他都持續觀心。無論發生什麼事都沒關係──他看見它們是不確定的、無常的。佛陀只教導他這件事，透過修習它，他能覺悟「法」，覺悟到實相便在自己的心裡。

生死之輪流轉不已，但你不必然要嘗試跟上它。它如輪子般轉個不停──難道你要一直跟著它轉嗎？它真的很快。若有個輪子正在轉動，你可以待在一處，讓它自己去轉。一隻蜥蜴可能會試著跟著它轉，但你可留在原地，觀看蜥蜴一再往返，無須去追逐它。世間法的輪子轉得飛快，但對有智慧的人來說，沒有問題。他若保持正念，則無論處於何種情況，來或去，只要照顧好自己份內之事，心將不會受到任何傷害。

第三部 苦

1 了解苦

　　苦附著在皮膚上並進入肉裡；從肉，它又進到骨子裡。它就如樹上的蟲子，從樹皮開始啃噬，進入木材，然後進入木心，一直到樹終於枯死為止。

移動一座山
要比移動我見容易

　　隨著我們長大，它愈往內深藏。父母教導我們貪愛與執取，賦予事情意義，堅信自己以一個自我實體的方式存在，事物也屬於我們所有，打從我們一出生便被如此教導。我們一再地重複聽到這番話，它穿透內心並待在那裡，成為自己習慣性的感覺。我們被教導去獲取事物，去累積與執著它們，重視它們並據為己有。我們的父母便是如此認知，然後這樣教導我們。因此，它進入我們的心裡、骨子裡。

　　當我們對禪修產生興趣，並聆聽心靈指導的教法時，要想了解它並不容易，它並未真的深深吸引我們。我們被教導別用舊的方式去看事情與做事情，但當聽到這些話時，它並未穿透我們的內心。

因此，我們雖坐下來聆聽教法，但它經常只是進到耳朵裡的一堆聲音而已，它無法深入內心並影響我們。這就有如我們在打拳擊，一直攻擊對方但他並未倒下。我們還是固著在自己的我見上，智者曾說移動一座山要比移動我見容易，那是種相信我們真的以某種特殊個體形式存在的堅實感覺。

我們可使用火藥炸平一座山，然後移開泥土，但固執的我見──啊！邪見與惡習卻如此堅實且難以動搖，而我們對它們卻毫無警覺。因此智者才說要將邪見改成正見是最難辦的事。

凡夫深陷在黑暗中
猶如是牛糞的主人

對我們「凡夫」來說，要進步成為「善士」並不容易。凡夫是受到層層障蔽者，他是黑暗的，深陷在黑暗與障蔽中。善士已讓事物變得比較光明。我們教導人們變亮，但他們並不想那麼做，因為不了解自己的情況，以及受到遮蔽的處境。因此，他們持續在混亂狀態中游移。

若遇到一堆牛糞，我們不會認為它是我們的，也不會把它撿起來，只會把它留在原地，因為我們知道它是什麼。

穢物也有它的「好」，邪惡的事是惡人的資糧。你若教導他們行善，他們不感興趣，寧可待在原地，因為看不見其中的

害處。看不見害處，事物就無法被矯正。你若知道它，就會想：「啊！我的整堆牛糞連一丁點兒黃金的價值也沒有！」此時你就會轉而希求黃金，再也不會想要牛糞。若不知道這點，則你仍將是一堆牛糞的主人。

那是穢物的「好」。黃金、珠寶與鑽石，在人間都被認為是好東西；骯髒與腐敗的東西，對蒼蠅與其他昆蟲而言是「好」的。你若摘鮮花，蒼蠅對它們不會有興趣，即使你嘗試利誘，牠們也不會來。但只要是有動物死屍的地方，只要有東西腐敗的地方，牠們就會不請自來。邪見就像這樣，它偏好那種東西。對於蜜蜂是香甜的東西，對於蒼蠅則不然。

曾有兩個親密的朋友，死後一個轉生到天界享受欲樂，另一個則轉生為糞坑裡的蛆。

天神具有各種能力，他想起過去世的好友，於是運用神通去找他。他把自己移身到糞坑中，並使朋友能認出他，他們很高興能再度相逢。

蛆問天神：「那麼你轉生的地方情況如何？」

天神說：「很棒！享不完的樂事！每樣東西都清新可人，無論你希求什麼，它都會立刻出現。我真希望你能和我一起去那裡！」

但蛆卻開始哭泣，因為憐憫他的朋友。「聽著，」他說：「這裡的生活有趣多了。我整天都在這坑中玩樂。我想要的東

西甚至無須希求就會出現，因為這裡的一切都是現成的。你真的應該留下來！」

未看見苦
就無法真的看清與解決問題

修行的過程一定會有困難，但無論做任何事，都必須度過難關才能達到輕鬆自在。在佛法的修行中，我們從普遍存在的不圓滿──苦諦開始。但一碰到這點，我們就失去信心，不想看到它。「苦」真的是聖諦，但我們卻有意無意地想逃避它。這就好像我們不想看到老人，只喜歡看到年輕貌美的人一樣。

我們若不想看到苦，無論活得多久，將永遠無法了解苦。「苦」是真諦，我們若面對它，就會開始找出一條離苦之道。若要去某地，而路被封住了，我們會想如何造出一條路來。日復一日地工作，總有一天一定能通過，當碰到問題時，我們像這樣逐漸產生智慧。未看見苦，我們就無法真的看清與解決問題，只是忍受它們或對它們視而不見。

我訓練人的方式包含一些痛苦，因為了解苦是佛陀的覺悟之道。他希望我們看見苦，看見它集起的因、它的滅，與到達苦滅之道。這是一切覺者的解脫之道，若不走這條路，你就無法解脫。

若知道苦，我們將在所經歷的每件事中看見它。有些人覺得自己其實並不怎麼痛苦，但佛教的修行是爲了讓人徹底解脫痛苦，亦即從充塞在一般經驗裡的不圓滿中解脫出來。不想再受苦，我們應怎麼做？當苦生起時，應去審察並看見它生起的因，了知那一點，便可練習去除那些因，一旦達到圓滿，苦將不再生起。在佛教裡，這就是解脫。

　　違背習慣一定會造成一些痛苦。但通常人都害怕痛苦，若某件事會造成痛苦，我們就不會想去做它。我們感興趣於看似美好的事物，認爲凡是含有痛苦的事都是不好的。但事實並非如此。若心中有苦，它會成爲你想逃脫的因。它引導你思惟，你會專心觀察，以便找出究竟是怎麼一回事，試著去看見原因與結果。

　　快樂的人產生不了智慧，他們就如一隻飽食終日的狗般缺乏警覺。吃飽後牠什麼事也不想做，可以整天睡覺。若盜賊來了牠也不會叫──牠太飽又太累了。但若只給牠一點食物，牠就會保持清醒與警覺，只要有人在附近鬼鬼祟祟，牠便會立刻跳起來狂吠。你們看過這樣的事嗎？

　　人類被誘捕與囚禁在這世間，並受制於這樣的豐足，我們總是充滿疑惑、困擾與憂愁。這一點也不好玩，因此必須拋開一些東西。根據心靈開發的方法，我們應放棄身體、自己，必須下定決心將生命完全投入於追求解脫上。

我們都活在牢籠裡
被囚禁在這世間

若我們說微妙法，多數人會受到驚嚇，而不敢進入它。即使只是說「諸惡莫作」，多數人就無法遵循。因此，我想了各種方法來解決這問題，我常說的一件事是，無論我們是高興或憂傷，快樂或痛苦，流淚或歌唱，都別太在意——只要是活在世上，我們都是活在一個籠子裡。即使你很有錢，你活在籠子裡；你若貧窮，你活在籠子裡；你若唱歌跳舞，你是在籠子裡唱歌跳舞；你若看電影，你是在籠子裡看它。

這個籠子是什麼？它是生之牢籠、老之牢籠、病之牢籠與死之牢籠，我們就這樣被囚禁在這世間。「這是我的」、「那屬於我」，我們不知道自己真的是什麼或在做什麼。事實上，我們所做的一切都是在為自己累積痛苦，並非什麼遙遠的事物造成苦，但我們卻願不回頭看看自己。既然出生，無論有多快樂與舒適，我們無法避免變老，一定會生病、死亡。這即是苦，就在當下。

我們隨時都可能被疼痛或疾病折磨，它可能發生在任何時刻，就如偷東西一樣，隨時可能被逮捕，因為我們已做了那件事，那正是我們的情況。我們生存在有害的事物中，在危險與

麻煩中，老、病與死掌控我們的生命，我們無法一走了之，或擺脫它們。它們隨時都可能來抓我們，每一刻都是它們的好機會。因此，我們必須放棄對抗並接受事實，必須認罪。我們若這麼做，判決就不會太重，否則只會受更大的苦。我們若認罪，它們就會從輕發落——我們不會被關太久。

當身體誕生時，它不屬於任何人。它就像我們的禪堂，在被建成之後，蜘蛛來棲息，蜥蜴來歇腳，各種昆蟲與爬蟲類都來此停留，蛇也可能住在裡面，任何生物都可能來住在裡面。它不只是我們的會堂，更是一切生物的會堂。

這些身體也是如此，它們不屬於我們。我們是來待在它們裡面，並依靠它們。病、苦與老也來住在裡面，我們只是和它們一起居住。當這些身體的苦與病結束，並終於瓦解與死亡時，那不是我們死亡。因此別對此有所執著，而是要清楚地觀照，如此一來，你的貪愛就會逐漸消減。

出生時
一切苦皆隨之而來

你知道欲望是否有極限嗎？它何時會感到滿足？有這樣的事嗎？你若仔細考慮，便會發現無法滿足渴愛，它持續欲求更多。雖然它帶來讓我們幾乎痛不欲生的苦，但仍會持續想要東

西，因為它不可能感到滿足。

佛陀教導「富者教誡」，意即滿足於自己所擁有的事物，那就是富人，這便是對富者的教誡。

我認為這種知識確實值得研究，佛道裡教導的知識是值得學習與思惟的事。首先，它教導道德生活的方式，只要有足夠物資能維持生活，我們就能藉由道德的生活而免於墮入惡道。

然後，正法的修行更超越那點，它深入許多。我們有些人也許無法了解它。只要舉佛陀的話為例：「我生已盡，梵行已立，所作皆辦，不受後有。」即他已不再出生，「生」與「有」都已結束。

聽到這番話，會讓我們不太舒服，直接地說，佛陀說我們不應出生，因為那是苦。就只是這一件事──生，佛陀專注於此，思惟它並了解它的危險性。出生時，一切苦皆隨之而來，苦和生同時發生。當我們來到世間時，有眼睛、嘴巴與鼻子──一切皆隨之而來，只因為生。但我們聽到死與不生，就感到徹底毀滅，不希望去那裡，而佛陀最深奧的教法就像這樣。

我們現在為何痛苦呢？因為出生。因此，我們被教導要了結「生」，這不只是說身體出生與死亡，那很容易了解──連小孩都懂。停止呼吸，身體死亡，然後躺在那裡，這是通常所說的死亡的意義。但會呼吸的死人，則是我們不知道的事，可以走路、說話與微笑的死人，是我們不曾想過的事，因我們只

知道所謂的死亡，是指不再呼吸的屍體。

事物只有生與滅
除此之外，別無其他

「生」也是如此。當我們說某人出生時，是指一個女人去醫院生產。但心出生的時刻，你曾注意過嗎？例如當你在家裡對某件事感到沮喪時。有時愛出生，有時瞋出生，高興、不高興的各種狀態，這些都是「生」。

我們痛苦都是因為這個。當眼睛看見某個討厭的東西時，苦出生；當耳朵聽到某個很喜歡的聲音，苦也出生。只有苦。

佛陀總結說：「純大苦聚。」苦生與苦滅，法爾如是。我們一再攀取與執著，攀取生，攀取滅，永遠沒有真的了解它。

當苦生時，我們稱之為「苦」；當它滅時，我們稱之為「樂」。那其實都是法爾自然——生與滅。我們被教導去觀察身、心的生與滅，除此之外，別無其他。

當苦生時，我們認知彼為苦；當它滅時，認知彼為樂。我們看見它，並如此標示它，但它並非樂，只是苦滅。苦生與苦滅，生與滅，而我們卻攀取與執著它，樂出現時感到高興，苦出現時感到沮喪。其實這些都一樣，就只是生與滅。生起時，有某事；消滅時，它不見。我們就是被卡在這裡感到疑惑，因

此經上說苦生與苦滅，除此之外，別無其他。

我們沒有清楚認知只有苦，因為當它停止時，我們在那裡看見樂，執取它並固著於其上。我們並非真的知道發生什麼事——它其實只是生與滅。

佛陀總結說事物只有生與滅，除此之外，別無其他，這很難入耳。但真正能感受「法」者，無須依賴任何事，就能處於安樂中。

事實是，在這世間中，沒有什麼東西對任何人做任何事。沒有什麼事可憂慮，或值得哭泣、歡笑，沒有任何本具的悲慘或愉悅。但對一般人而言，這些事卻是很普通的。

我們的話可以很普通，以便能對應別人平常看待事物的方式，那沒有問題。但我們若以這種普通的方式思考，那就很可悲了。

我們若真的覺知「法」並持續看見它，則事物根本不具實體性，只有生與滅，並無真實的樂與苦。一旦無樂與苦，內心便會平靜；若有樂與苦，就會有「有」與「生」，意即無盡的輪迴。

我們經常試著停止痛苦以便得到快樂，那是我們所希望的。但我們所希望的並非真實的平靜，那是樂與苦。佛陀教法的目標是練習創造一種超越樂與苦，並會帶來平靜的業。但通常我們可能只想到擁有快樂，將帶給我們平靜，若獲得一些快

樂，便認為那已經夠好了。

因此，人類總是希望豐足。若我們獲得許多，那很好——通常那是我們想要的。做好事就會有好報，若得到那個，我們便會感到快樂。我們認為那就是需要去做的，然後便停在那裡。但好的經驗能持續帶來滿足嗎？它無法停留。我們一直反反覆覆，經歷好與壞，日以繼夜試著去捕捉感覺好的東西。

佛陀的教法是，我們應先斷惡，然後修善。其次，他說我們應同時斷惡與斷善，對它不起任何執著，因為那也是一種燃料，只要有燃料，它終究會被點燃。惡是燃料，善也是燃料。

2 對學生當頭棒喝——阿姜查的方法

在許多人的記憶中，阿姜查是個嚴苛的老師，尤其是對他早期的弟子們。其中之一的阿姜悉努安，提到一個關於他們在茅篷工作的故事。他扶著一塊板子讓另一位比丘釘釘子，阿姜查開始和那位比丘討論事情，忘了悉努安正拿著板子，而當時他身邊還有黃蜂在嗡嗡叫。最後他手臂痛得受不了，便說：「隆波（師父），我想我再也撐不住了。」說時遲那時快，阿姜查拿一根棍子「啪」的一聲打在他的背上。這讓悉努安內心一驚，他確信阿姜查無疑是不近人情的。

那晚，在晚課與禪修過後，阿姜查對大眾開示：「我希望你們都想想自己為什麼在這裡。你們應了解，我所作的一切都是為了讓你們從魔羅（māra）①的陷阱中跳脫出來，沒有別的。你們一生都是習氣的俘虜，如果不想解脫，為什麼要來這裡呢？」

譯 註
①魔羅即殺者、奪命、能奪、能奪命者、障礙或惡魔。一切煩惱、疑惑、迷戀等，能擾亂眾生者，均稱為「魔羅」。

3「生」與「有」

經上說「生」是苦，但它不只是指從此世死亡並轉生來世，那扯太遠了，「生」的苦當下就在發生。

在根、境、識接觸時
認出「生」與「有」

經上說「有」是「生」的因，「有」是什麼呢？任何我們執取並賦予意義的事，即是「有」。每當我們視任何事為自己或他人，或屬於自我所有，而不正知它是世俗慣例時，那即是「有」。每當我們執著某件事為我或我所有，而它之後發生變化時，心便受到影響而產生正面或負面的反應。自我經歷快樂或痛苦的感覺，即是「生」。一旦有「生」，苦便隨之而至，因為一切事物都必然會變化與消失。

現在，我們有「有」嗎？我們覺知這個「有」嗎？例如，舉果園中的果樹為例。果園主人若不覺知自己，覺得那真的是他的果園，他可能在每棵樹中出生為蟲。貪愛「我的」果園與「我的」果樹，即成為佔有那裡的蟲。若有幾千棵樹，他就會變成幾千次蟲，這即是「有」。當樹被砍倒或遭遇任何傷害

時，蟲即受到影響，心被動搖而帶著焦慮受生。然後有「生」之苦、「老」之苦等。你們覺知此事發生的方式嗎？

嗯，家裡或果園中的那些對象還是有點遙遠，就看看坐在這裡的自己。我們是由五蘊與四大所組成，這些有為法被指稱為一個自我。你看見這些有為法與名稱的實相嗎？你若未看見它們的實相，就會有「有」，為了五蘊而歡喜或悲傷，然後你受生，一切痛苦亦隨之而來。這個轉生就發生在現在、當下。

這杯子現在破碎，我們就在現在感到難過；這杯子現在沒破，我們現在對它感到高興。事情就是如此發生，盲目地難過或高興，你唯一的下場就是毀滅。要想了解這點，你無須眺望遠方。當你注意自己時，便會知道是否有「有」，無論是否真的相信「我」或「我所有」的指稱，重點是貪取。這個貪愛是蟲，正是它造成「生」。

由於貪愛色、受、想、行、識，我們執取樂與苦，因而被迷惑與受生。它發生在根、境、識接觸時，眼睛一見到形色，它當下便發生。這是佛陀希望我們去看的，在「有」與「生」透過五根發生時認出它們。我們若覺知它們，就能放下，放下內在的五根與外在的五境。這可以在當下看見，它並非在此生死後才發生，而是在當下眼睛見色、耳朵聽聲、鼻子嗅香、舌頭嚐味時發生。你和它們一起受生嗎？在「生」發生時，覺知它們，並看清它們。

執著茶杯
便是擁有痛苦

　　前任僧王有次到中國旅行，有人送他一個很漂亮的茶杯。他從未見過那種東西，心想：「啊！這裡的人對我真有信心，所以才會送這漂亮的茶杯！」但當茶杯到了手上時，他立即陷入痛苦中。我應把它放在哪裡呢？哪裡才是安全的存放處所呢？他無時無刻不擔心它會被打破。

　　在他擁有茶杯之前，他很好；一旦有了它，他開始希望在返回泰國之後對人們炫耀它。他把它放進袋子裡，並不斷告訴每個人要小心以免打破杯子：「嘿，請小心！」他到每個地方都小心翼翼。他擁有的只是痛苦。先前，這痛苦並不存在，如今擁有茶杯之後，他卻憂心忡忡。

　　然後他搭機返回泰國。當抵達時，他警告群眾：「小心，不要打破杯子！你們在家人，注意，這裡有易碎品！」這情況一直持續，因為執著杯子而痛苦。

　　終於，很久以後的某一天，一個沙彌拿起它的時候，不慎手滑將它打破。僧王如釋重負：「啊，我解脫了！這些年來真痛苦。」

4 逝者如斯

諸行無常，
是生滅法，
生滅滅已，
寂滅爲樂。
——巴利葬禮偈頌

佛陀教導我們了解死亡，法爾如是；生命是不確定的，了
解這點將導致出離。當我們離開這世間時，無論誰擁有多少
錢，都得將它們拋在身後。無人能帶走任何東西。若你有許多
土地與金錢，可能會想：「我要把龐大的財產留給孩子。」但
你的孩子也無法保有它，他們有一天也必須拋下它。在這個不
確定的領域中，一切事物都難逃此劫。世間就是如此。

看清生與死
如法地生活

在我們的文化中，人們相信死亡是做功德的好機會，但當
你在世時累積功德更重要。達到真實了解，並改變你的方法以

如法地生活才是眞功德，才眞正有價值。

你若能看清生與死，將了解它就如生長在樹上的芒果。它們逐漸成熟，然後掉落。當此事發生時，芒果不會渴望樹，樹也不會擔心芒果。

生命就像這樣，當了解這點時，我們不會漫不經心。我們會轉而注意思考應如何生活與安排時間，以及修習什麼才好。

我們希望解脫痛苦，希望去除內心的痛苦，但我們依然痛苦。爲何會如此？那是因錯誤的思考。我們的想法若符合實相，就會擁有幸福。修行佛法的意思是尋求正見。

例如，觀察身體，它們眞的屬於我們嗎？它們出生、變化，然後自行死亡。我們無法阻止它們那麼做，無法命令它們一定要如何。因此我們持續思惟與觀察事實，問自己這是否是眞實的情況，然後了解無法隨意控制無常的身體。當看見這點時，心即改變與進入「法」。持續觀察諸行的本質，我們逐漸了解身體是不可信賴的，並進而洞見苦諦。

但我們如此恐懼，當被告知要思惟死亡時，便害怕那麼做。當聽到關於無常、苦與無我的教導時，也不想聽。佛陀說這是我們應趨入與觀察的事，但我們很害怕。他們只想生，不要死，只想擁有好事。那眞的很愚蠢！你們能了解這點嗎？好好想一想！

經上說：「諸行無常，是生滅法。」那麼無常是怎麼一回

事呢？所謂的「諸行」此刻就坐在這裡，我們都會走上這條路，無一例外。但我們卻不願面對、研究它。

　　沒有什麼事比研究它還好。近來醫生在研究癌症，但他們似乎還找不到解藥，為何不轉而嘗試治癒死亡之病呢？死亡之病比癌症更可怕。我出國時對一群醫生說：死亡之病是真正值得探討的事，你們為何不研究它呢？若我們認真思惟，錯誤行為就會開始減少。人們擔心癌症，但老化之病比癌症更嚴重，死亡之病更是所有眾生都無法避免的。有癌症的人會死，無癌症的人也會死，因此死亡之病是真正值得分析的事。

修行不能挑時間，
必須趁還活著時，趕緊去做

　　當我們教導人們練習隨念死亡時，他們說：「別談論它！若你談論死亡，人們將什麼事也不想做！」這種想法真是顛倒。這種病是生命的慢性病，佛陀希望我們去觀察，並了解一切眾生無有例外地都會得到這個病，這是實相，因此他教導我們別忘記它或誤解它。你若真的經常隨念死亡，將會停止傷害別人，會明白做壞事並在死時背負惡業，一點也不值得。這對自己、家人、社會，都會是有益的事。

　　一些曾做過許多壞事的人將會開始努力改過，未來還未做

的惡行我們則會避開，內心的煩惱將逐漸持續消減。而當我們嘗試教導別人時，就能以身作則，真正地幫助他們。

想想一個被判死刑的人：十五天或一個月內，她就會遭到處決。設身處地，我們會如何利用僅存的時間呢？我們會怎麼想？思考一下——你的內心會閃過什麼事？你很可能會焦急得完全食不知味。

有天我們一定會死，時間並不確定，可能只剩一、兩天，也可能在很久之後。因此，我們都必須想得很清楚，就如被宣判死刑的人——如在獄中焦慮的囚犯，就等著被帶走。或如屠宰場裡的牛隻，身體兩側都被塗上紅色記號：今天這隻被殺，明天那隻，接著後天那隻。我們就像那些牛一樣，那麼你還會在那裡嘻笑、唱歌或自娛嗎？

這真的是我們所處的情況。因此，佛陀教導要去增長那些有益之事。我們並非以物質的財富去增長它們，而是以身與口的努力，以及擇法精進。至少日行一善，最少也要慈悲地對待動物，千萬別未行善而空過一天。

一切眾生的生命都是不確定的。當我們了解這點的時候，就能對在這世間所做的事更加釋然，而不會把世事的起伏看得太嚴重，也不會有沮喪、失望或恐懼。反之，也不會對事情樂不可支，無論生或死，我們都已經以善行為自己打造了安全的避風港。

修行不能挑時間，你必須趁還活著時，趕緊去做。當被教導去行善與積德時，現在就去做，你便能獲得善果，你死後再想去做，就太遲了，只剩下葬禮而已。當你死時，他們前來致敬，那時你只是他們修福的一個對象而已，你所擁有的福報都已享盡。但若你現在持續行善，在還活著時，它就不會那麼快耗盡。

5 冷峻的慰藉——阿姜查的僧侶面對疾病與死亡

　　我們必死的事實，非常明顯地呈現無常、苦與無我三相，但這觀察沒並未探討到生病的狀態。清楚覺知死亡可導致無死，清楚覺知痛苦可以導致離苦，覺知世間的束縛則可以導致解脫。

　　死亡，通常在佛教文化，例如在泰國比在西方更容易被接受，尤其在寺院環境中，更是坦然視之。阿姜查對不同的人，以不同的方式談論死亡——如同他對佛法的其他面向所作。當人們有點高傲時，他說你可以戳他們，以喚醒他們。在巴蓬寺早期，僧侶面臨的諸多考驗之一是瘧疾，當時並無有效的治療方法，多數人都病得很嚴重。他談到如何鼓勵僧侶們面對這種情況。

　　「一天晚上，約九點鐘，我聽到有人走出森林。我們都染上瘧疾，但其中一名比丘情況特別嚴重，發高燒，且害怕會死，他不想孤單地死在森林中。我說：『那好，讓我們試著找沒病的人來照顧生病者；病人怎麼能照顧另一個病人呢？』當時就是如此，我們沒有任何醫藥。

　　「我們有『波拉培』（borapet，一種很苦的藥草）。我們將它煮來喝，那是我們當時僅有的，用來提神與當藥用。每個人

都發燒，大家都喝波拉培。若有比丘病得很重，我就告訴他們：『別害怕，別擔心，若你們死了，我會親自將你們火葬。我會在這座寺裡將你們火化，屍體無須轉到別處去。』我就是這麼處理它，這些話帶給他們心靈的力量。」

6 佛陀不死

　　請針對我們會死這主題正確地禪修，禪修並觀察它，直到我們能更深入思惟爲止。例如，從此刻起，我們的存在將如何變化？要如何對待它？

　　愚者爲死亡哭泣，不爲出生哭泣。但死亡來自何處呢？難道它不是來自出生嗎？若你爲人死哭泣，則應在人們出生時便哭泣。從人一出生就開始哭泣：「啊！不，她又來了！她將再次死亡！」應該這麼說才對。

　　但現在我們卻想盡辦法，例如使用巫術、祈禱或咒語來逃避死亡。那樣做有何意義？我們爲何不從根本——出生，去解決問題呢？這就如同拳擊手被打落牙齒後低頭閃避，你必須在他們重擊你之前避開。這些事是無效的，佛陀如此教導。

　　佛陀教導，既已出生，我們就應找出一條從死亡解脫之道。佛陀不曾死亡！阿羅漢（那些已達解脫者）不會死！他們不會像人與動物一般死亡。當死亡來臨時，他們都會微笑，會很自在，因爲他們不會死，這是人們無法了解的事，人們看不見它。佛陀不曾死亡，阿羅漢不會死，就只是地、水、火、風這四大元素瓦解而已，在這些事情當中沒有「人」。

　　因此，我們說覺悟者不死，他們不生、不老、不病、不

死，貪、瞋、痴再也不會在他們心中出生。當他們還活著時，身體不是他們的或他們自己，只有地、水、火、風，然後瓦解與消散，他們不執著其中有任何「人」。四大不會影響他們，因此我們說他們不死。但我們執著這些積聚物，稱之為「我」，相信它們是「我」或「他」，當它們瓦解時，我們認為自己死了，因此感到痛苦。覺悟者不會為此感到痛苦，他們稱它為塵土，一堆塵土！藉由看見只有地、水、火、風，他們戰勝死亡。

7 出生、死亡與覺悟——阿姜查與菩提樹

在衛塞節（Visakha Puja）——紀念佛陀誕生、覺悟與涅槃的佛教紀念日，阿姜查說：「當佛陀成道時，我們可說他辭別世法而出生為佛。衛塞節的意義，其實只是點出他覺悟的這個事實，而沒有我們所紀念的分開的三件事。」

有人告訴阿姜查，一個朋友去找禪宗師父修行並問：「當佛陀坐在菩提樹下時，他在做什麼？」禪師回答：「他正在坐禪！」但這個人說：「我不相信。」

禪師問他：「你說不相信是什麼意思？」他回答：「我問過葛印卡老師（Goenka-ji，一位著名的內觀老師）相同的問題，他說：『當佛陀坐在菩提樹下時，他正在修觀！』因此，每個人都說佛陀正在做他們所做的事。」

阿姜查說：「當佛陀坐在空曠處時，他是坐在菩提樹下。當他坐在另一種樹下時，他也是坐在菩提樹下，那些解釋並沒有錯。『菩提』意指佛陀自己——覺悟者，坐在菩提樹下的言論並無什麼問題，但許多鳥坐在菩提樹下，許多人坐在菩提樹下，猴群也在菩提樹下玩耍。但是這並不表示他們有什麼深刻的體悟。那些有深刻體悟者，了解『菩提樹』真正的意思是指正法。

「因此，試著坐在菩提樹下當然很好，我們將可成佛，但無須和別人爭論這問題。當人說佛陀正在菩提樹下作某種修行，而另一個人提出異議時，無須加入爭吵。我們應從究竟的觀點，即證悟實相的角度去看它。『菩提樹』另外還有世俗的觀念，那是多數人所談論的，但若人們爲此爭論不休，那就沒有任何的菩提樹了。」

第四部 無我

1 如四大般修行

　　有個城裡的人喜歡吃蘑菇，他問：「蘑菇來自何處呢？」有人告訴他：「它們生長在泥土裡。」於是他提起籃子走進鄉村，期待蘑菇會在路邊排成一列讓他採摘。但他走了又走，爬上山丘又行過田野，卻沒看見半顆蘑菇。一個村民以前曾採過蘑菇，她知道要去哪裡找它們；她知道該去森林裡的哪個地方。這個城裡的人只看過盤子裡的蘑菇，他聽說它們生長在泥土裡，便以為很容易找到它們，但事實並非如此。

身體只是四大的積聚
其中沒有「人」或實體

　　修定也是一樣。我們以為它很容易，但當坐下來時，感到腳痛、背痛，還有疲憊，又熱又癢。然後我們開始沮喪，認為禪定遠在天邊遙不可及。我們不知應如何做，而陷入愁雲慘霧中。但若我們能從中得到一些教訓，它就會變得愈來愈簡單。

　　當我們剛開始修定時，它很困難，當不知該如何做的時候，不管什麼事都很難。但只管去修，這個情況就會改變，有用的最後一定會克服並勝過無用的。在奮鬥的過程中會感到灰

心，這是正常的反應，我們都經歷過它，因此持續修習一段時間很重要。

這就如要穿越森林，起初障礙重重，幾乎寸步難行，但我們一再努力而逐漸清出一條路來，經過一陣子後，我們移除枯枝與殘幹，地面在反覆踩踏後變得堅實與平坦，我們終於有了一條通過森林的好道路。修心也是如此，持續地做，心會逐漸明亮起來。佛陀與弟子們從前也是凡夫，但逐步增上通過覺悟的各個階段，經由修行做到這點。

對於如何禪修，佛陀的建議是什麼？他教導我們要如地、水、火、風般修行。如「本源」（old things）──如四大元素：地的堅硬元素、水的溼潤元素、火的溫暖元素與風的移動元素一樣修行。

若有人鑽地，不會惹惱大地，它可以被挖掘、耕耘或灌溉，腐爛物可埋在它裡面，它依然不為所動。水可以被煮沸、冰凍或用來清洗汙垢，它都不會受到影響。火可以燃燒美麗、芬芳的事物，或醜陋、惡臭的事物，對它來說都沒有關係。風吹時，它吹在各種事物上，無論新鮮或腐爛，毫無分別。

佛陀舉了這個比喻，我們這個色蘊不過是地、水、火、風的積聚，若想要在此找到一個實體的「人」，你找不到，只有這些元素的集合罷了。但經年累月，我們從未想過如此拆解它們，去看看那裡究竟有什麼，我們所想的只是：「這是

『我』，這是『我的』。」一直從自我的觀點去看待一切，從未看見它們只是地、水、火、風而已。但佛陀這樣教導我們，他談論四大，並鼓勵我們去看自己真的是如此。觀察這些元素，並看見沒有「人」或實體，只有地、水、火、風。

它很深，不是嗎？它藏得很深——人們會看，但看不到它。我們一直都習慣以自他二元的角度來想事情，因此禪修不深，達不到實相，無法超越事物的表相。我們依然固著於世間慣例，而這意味著繼續留在輪迴中：得而復失，死而復生，生而復死，在惑、業中受苦。欲求或希望總是得不到滿足，因為我們是以錯誤的方式在看事情。由於這種執著，我們其實離正法之道還很遙遠。

現在就開始努力吧！修行佛法將使我們解脫痛苦。若無法完全解脫苦，那麼現在、當下，我們應至少能解脫一點點。例如，當有人嚴厲指責我們時，若不生氣，就已解脫苦；若生氣，則尚未解脫苦。

當我們受到嚴厲指責的時候，若思惟「法」，將看見它只是一堆塵土。好，他在批評我——他只是在批評一堆塵土，一堆塵土在批評另外一堆塵土。水在批評水，風在批評風，火在批評火。

若真的如此看事情，別人可能會說我們瘋了：「他什麼事也不關心，沒有任何感情！」當看到人死亡，而我們不傷心哭

泣時，他們會說我們瘋了。

親自證悟實相
就可自在安住

　　歸根究柢，修行與證悟的都是自己。解脫痛苦不能依靠別人對我們的看法，靠的是自己內心的狀態。別在意他們會怎麼說——若我們親自證悟實相，就可自在安住。

　　當困難發生時，憶念「法」，想想心靈導師教了你什麼。他們教導你要放手，要自制自律，放下事情；他們教導你要如此努力以解決問題。你學習「法」的目的只有一個——解決自己的問題。

　　我們在此所說的問題是指哪些呢？你認為自己的家庭如何？你對它有任何問題嗎？你對於孩子、配偶、朋友或工作有任何問題嗎？這些事有時會讓你頭痛，不是嗎？這些便是我們所說的問題。這教法要告訴你的是，你可以用「法」來解決日常生活的問題。

　　我們既然生而為人，就應能以快樂的心情去生活。我們做好應盡的職責，若事情很困難，就練習忍耐。以正當的方式去謀生是一種修行，那是道德生活的練習。如此快樂與和諧地生活著，便已經很好。

然而，我們經常錯失它。別錯失它！你若去某個中心或寺院禪修，然後回家和人打架，那便是一種錯失。你聽懂我在說什麼嗎？這樣做就是一種錯失。它意味著你絲毫未見到「法」──那毫無任何利益。

2 無知——阿姜查明鏡高懸

　　一位曾當過八戒女①的女士，講述她初次遇見阿姜查的故事。由於聽到很多關於他的傳聞，因此當阿姜查一九七九年在倫敦時，她前往漢普斯泰德寺（Hampstead Vihara）見他。他問她是否禪修，她說曾參加過幾次閉關，於是他問她對於「無我」的了解。

　　「我開始談論，陷入非常冗長又複雜的解釋。我滔滔不絕地議論『無我』，當我在說話時，感覺我的自我意識像汽球般在膨脹。」她說。

　　當她說完時，阿姜查用泰語說了幾個字。

　　「他說什麼？」她問。

　　「他說妳非常無知。」譯者補述。

　　這位年輕女子並未感到受辱，她為阿姜查說那些話時誠懇的慈悲態度所吸引，最後來到泰國隨他出家。

譯　註

①泰國僧團由比丘與沙彌組成，並無比丘尼與沙彌尼。不過，有一種穿白衣，剃髮的女性修行者，稱為「梅齊」。她們是長期或終生受持八關齋戒的學法女，寄住在佛寺裡特闢的地方，聽聞比丘的教誡，也接受信施者的供養。她們因終生受持八關齋戒，所以又稱為「八戒女」。

3 非「我」，非「我所」

傳統上，陰曆初一、初八、十五與二十三日被佛教徒視為布薩日，或「出家日」，在家人在這一天可整日待在寺院中聞法與修行。這是古老的佛教習俗。我們的祖先將一個月的二十六天分給在家生活，四天分給出家修行，在家生活的天數要多許多。

四天作為出家日
聽聞有關實相的開示

對我們來說，有機會在佛法中修行很重要。佛陀說：「晝與夜不斷地流逝，我們要如何利用時間呢？」他擔心我們會忘失正念而放逸，因此提醒我們關於日子的流逝，而那不只是日子流逝而已——生命也在流逝。我們一直在變老，變得愈來愈老，有一天它會結束。因此佛陀提出這個問題：「晝與夜不斷地流逝，我們要如何利用時間呢？」

佛陀一再告誡我們要念茲在茲：我們從哪裡來？為何而來？帶我們來這裡並繼續引領自己的是誰？我們知道自己還能活幾年或幾個月嗎？我們離開這裡時會去哪裡？

當我們想到晝夜的流逝時，就會不斷地思惟這些問題。當我們真的經常思考它們時，將了解到人生是不長久的。我們從兒童變爲成人，很快地變老，變化每天都在發生。若看到這件事，我們就會更認真地注意自己的生活與行爲。

　　因此，我們的祖先們立下一個月排出四天作爲出家日的習俗。二十六天是在家日，做世俗的工作與謀生；先照顧好事業，然後有四天上寺院或佛法中心去喘息一下，在那裡可聆聽教法並得到一些不同的觀念。當你在家時，聽到與想到的都是：「這是『我』；那是『我的』。」每件事都是「我」與「我的」。你絕對聽不到任何人說：「沒有什麼東西是『我的』。」但當你前來寺院聆聽開示時，阿姜會說：「這不是『我』；那些東西不是『我的』。」

　　「嘿，那是怎麼一回事？」你會納悶：「他們爲什麼那麼說？這些東西當然都是我的。它們是我多年辛苦工作攢來的。這個老師在胡說嗎？他爲什麼說：『這不是我；那不是我的』？」起初你對它不知所措，不知該相信什麼，過去你心中一直都認定「這是『我』；那些東西是『我的』。」

　　但每次來到寺院，你都持續聽到同樣的事：「這不是『我』；那不是『我的』。」衝突繼續發生，世間與佛法相互矛盾，世間不會放棄它的觀點：這是『我』；這些東西是『我的』。但阿姜持續告訴你：「這不是『我』；那些東西不是

『我的』。」

　　在經常接收到這些提醒一段時間，並觀察自己的經驗後，你會開始洞見事物的實相，這時才體會到阿姜過去告訴你的事是真的。但若只是偶爾來寺院，則你聽到的是一回事，回家時聽到與想到的又是另外一回事，衝突與矛盾持續發生，你會來來回回花很長一段時間才會看見實相，並下定決心。你必須通過這關——對說出實相的人感到困惑。但徹底思惟與禪修之後，你會開始產生洞見。

「我」或「我的」
都只是假名而已

　　聞法便具有這樣的價值，它會一點一滴滲透進來，而你也會開始認真與努力地審察。由於了解世間的過失——覺知自己的老化，你開始把它放在心上。多數人起初不想聽到這些事，但經過一段時間後，我們會改變立場。此時我們了解佛法是真實的，所謂的「我」或「我的」都只是一種假名而已。

　　想想你在家所擁有的事物。有什麼東西曾破損或遺失嗎？事物會改變嗎？它們為什麼不聽從你告訴它們的話？這是一個能幫助你了解的例子。絕對別在意這些外在事物——你自己的身體如何？你為什麼會生病？若你真的是自己身體的主人，你

為什麼會讓它生病？身體就只是地、水、火與風。但誕生到這些身體裡之後，我們卻相信它們眞的是自己的，因此一直在和它們，和這些無常法抗爭。但我們根本不可能贏，我們一直遭遇挫折，最後還是得和它們分離。

我們無法協商自己死亡的時間，不能說：「先讓我的孩子長大。先讓我賺一些錢。」你無法這麼做。時間一到，它就是了。「但我的家人怎麼辦？誰來養我的配偶與孩子？誰來照顧我的父母？」那沒用。死亡不會先徵詢你這些事。

若我們考慮這件事，將會眞心趣入「法」。這就猶如看見一條如眼鏡蛇的毒蛇在爬行，牠有劇毒，若我們不知牠是什麼或沒看見牠，就不會提防牠，可能因此踩到牠而被咬。

我們知道眼鏡蛇是什麼，知道牠有劇毒，當看見牠爬來時，就會認出牠並遠離牠，和牠保持一段安全距離，因此不會受傷。雖然這條蛇有毒，但我們不受影響，不去招惹牠並保護自己。毒還在那裡，但它宛如不在一樣，我們無須受苦。

就像這樣，我們認出什麼是有害的，而遠離它。身與心本身可說就如毒蛇一般，你曾注意到這件事嗎？當身體健壯時，你生氣勃勃：「太好了，我是吉星高照！」但當你受病苦折磨時，則感嘆：「天啊！這是造了什麼業？」那就是毒蛇。

心的情況也是如此。若事情進展順利，你就很高興並感到人生還不錯。有事情困擾時，你可能為此失眠，躺在床上流眼

淚。那就是毒蛇正在咬我們，但自己卻渾然不覺。

學習「法」
以覺知自己的身與心

　　佛陀希望我們學習「法」，以覺知自己的身與心。每天早晨在寺中課誦時，我們誦到：「色無常，受無常，想無常，行無常，識無常。」然後，「色非我、非我所」，其他諸蘊也是如此。遍觀身與心，除了無常之外，並無其他。沒有什麼東西是「我」或「我的」，存在然後消失，生與滅，法爾如是，於一切時間、地點皆然。

　　有些人聽到：「沒有東西是我的。」他們便以為應拋棄一切財產，在一知半解下，會對這是什麼意思以及如何運用它產生爭辯。但面對此事要慎思，「此非我、非我所」並不表示應結束生命或拋棄財產，它是指你應放棄執著。

　　有世俗諦的層次與勝義諦的層次——名言與解脫。在世俗諦的層次，有A先生、B太太、M先生、N小姐這些名言，是為了在世間溝通與行事方便。佛陀並未教導不可使用它們，而是說，不應該執著它們為究竟真實的事，我們應該了解：它們是「空」的。

　　若我們只看表面，事物似乎是真實的。但若徹底觀察，深

入核心，它們不過如此：只是身、心，只是樂、苦，如此而已。到頭來，若我們不了解這些事，它們便是有毒的，如致命的眼鏡蛇般，我們因不知牠是什麼而伸手去抓或踩上去。

若心對它的欲望與煩惱毫無覺知，我們便會痛苦，它們會令我們陷入許多困惑與衝突中。當身體在變化的自然軌道上行進時，我們卻對它哭泣與悲歎，這些都是身與心的毒蛇。

人們經歷的可怕痛苦只是自心的產物，有些人非常害怕。那是因為他們讓自己的心恣意妄為，過度思慮所致。當他們在暗處獨處時，便會開始疑神疑鬼而心生恐懼，可能因此跳起來跑開。讓他們跑走的只是自己的念頭，無知的心就如此增生念頭，它不是「我」，不是「我的」，一點也不確定，但它可被訓練。若他夠勇敢，便會有不同的想法，會鼓起勇氣趕走恐懼的感覺。

因此我們有二十六個在家人的日子，以及四個可前來修行的出家日。若無法前往寺院或禪修中心，我們應了解它們的目的是什麼，然後在家裡自修，最好別忘記誦戒日的原則。你有許多日子可照顧事業，因此可偶爾停止工作，花點時間訓練自己的心。

在經過一段聞法與修行後，可再重返世俗生活，但心將變得混亂與困惑，因此再回來修行，然後又回到工作崗位。你學習像這樣在世間走出自己的路，學習正道以便可謀生而不被它

所苦。你逐漸了解無常，看見執取無常與不確定的現象總會帶來苦果。

　　因此，這是智者傳承下來的分配法，一個月排出四天來修行。那是一段內省的時間，目的是為了聞法、思惟與禪修。若三十天都花在世俗生活上，那將可能衍生出更多的煩惱。二十六天就夠了。

4 不要成為一尊佛

　　無論我們學習哪一種法，若無法在心中證悟究竟實相，永遠不會安心。

唯有修行
才會真的知道「法」的味道

　　蘋果是可用眼睛看到的東西，你無法藉由看它而知道它的味道。你確實看見蘋果，看不到味道，但它就在那裡。只有當拿起蘋果並咬下時，你才會明白。

　　我們教導的「法」就如蘋果，只是聽聞，不會真的知道「法」的味道，唯有修行時，它才可能被體會，藉由眼睛無法知道蘋果的味道。有知識，沒錯，但它不切實際。人們必須將它付諸修行。然後生起智慧，直接證入究竟實相，看見佛陀就在那裡。因此，我才會拿蘋果來比喻它。

　　為了幫助弟子們覺悟「法」，佛陀教導一條唯一的道路，但藉由各種趨入的方法與特色，他不使用單一的教導形式，或對所有人都以同樣的方式呈現「法」。但他教導的目的只有一個——覺悟究竟實相與解脫苦。他所教導的一切禪法，都是為

了這一個目的而設。

問·與·答

問：有些人認爲佛教是虛無主義，並想要摧毀世間。

答：他們的了解是不完全與不成熟的。他們害怕一切事物會消
失，這世間將會結束。他們想像「法」是某種空虛與虛無
的東西，因此當聽到它時很沮喪，這樣的想法只會導致傷
心流淚。

你們曾看過人們害怕「空」時是什麼樣子嗎？在家人就
如老鼠般，試圖累積財富並看顧它們。這能讓他們避開
「空」嗎？他們還是得在一堆柴火中化爲灰爐，失去一
切。他們在世時試圖執取事物，每天都害怕失去它們，想
要逃避「空」。他們因此而痛苦嗎？當然，他們確實痛
苦。那是因爲不了解諸法「無我」與「空」的實相；因爲
不了解這點，所以人們不快樂。

因爲人們不看自己，所以並非眞的知道生命中正在發生
什麼事。你如何停止這個妄念呢？人們相信：「這是
『我』；這是『我的』。」若你告訴他們「無我」──沒有
東西是「我」或「我的」，他們立刻想反駁這點。

即使佛陀在達到覺悟後，想到這點時也感到猶豫。當他

最初開悟時，認爲要向別人解釋解脫道太困難了，但隨即了解到這種態度是錯誤的。

　　若我們不教導這些人，那麼要教導誰呢？這是我的問題，在感到心灰意冷不想再教導時，我經常如此問自己：若我們不教這些迷惑者，要去教誰呢？其實並無別的選擇。當我們心灰意冷想逃離別人時，我們是迷惑的。

問：若我們發願成爲「辟支佛」（pacceka buddha，意即「獨覺」，無師自悟且不教導他人者），你看怎麼樣？

答：這些術語只是心境的比喻，想要成爲什麼是一種負擔，別想成爲任何東西！完全不要成爲任何東西！成爲一尊佛是負擔，成爲辟支佛也是負擔，就是別有任何欲求。「我是史密斯先生。」「我是個受人尊敬的比丘。」相信你眞的那樣存在即是苦。「史密斯先生」只是個假名。「比丘」只是個假名。

　　若你相信自己眞的存在，那會帶來痛苦。若有史密斯先生，那麼當有人批評他時，史密斯先生會生氣。若我們執著這些事爲眞實的，結果就是如此。史密斯先生被牽扯進來，並準備戰鬥。若沒有史密斯先生，那就沒有一個「人」——一個會回答電話的人。鈴、鈴——沒有「人」接電話。你不成爲任何東西，沒有人成爲任何東西，因此沒有

痛苦。

　　曾經有個比丘來看我，他迫不急待地透露：「隆波（Luang Por），我已達到入流果（初果）！」

　　我所能想到對他說的話只是：「嗯，我想那比成為一隻狗要好一點。」（在泰國稱某人為「狗」是最嚴重的侮辱之一，人們不會隨便那麼說。）他不喜歡那句話，因此悵悵不平地走開，這位入流者生氣了。

　　若我們認為自己是什麼東西或人，則每次電話響時，拿起它就會被牽扯進去。我們怎麼能讓自己擺脫此事呢？必須仔細觀察它並生起智慧，了解到並沒有一個史密斯先生在接電話。若你是史密斯先生並回答電話，你將讓自己被牽扯進痛苦中。因此別成為史密斯先生。只要知道這些名字與稱謂都是世間慣例即可。

　　若有人說你好，別自以為是。別以為：「我很好。」若有人說你差，別以為：「我很差。」別試圖成為任何東西。知道正在發生什麼事，之後也別執取這覺知而想：「我是一個覺知者。」

　　人們無法這麼做，他們不知道它是怎麼一回事。我喜歡舉樓上與樓下的比喻。當從樓上下來時，你是下樓，看見樓下。當再去樓上時，你看見樓上，中間的空間你沒看見。那意味著並未看見涅槃。

我們看見事物的形色，但未看見貪愛，對樓上與樓下的貪愛。那是「有」與「生」，我們持續活在「有」中成為某件事物。無「有」之處是「空」的，他們只說：「那裡沒有東西。」真正的修行便需要去覺知這個「空」。

從我們出生那天起，就一直依賴「有」，依賴「我愛」（self-grasping）。有人談到「無我」時，那太奇怪了，無法輕易改變我們的想法。因此需要透過修行讓心看見這點，然後才會相信它：「哦，它確實是真的！」

當人們想著：「這是我的，這是我的！」時，他們感到快樂。但當那件「我的」事物不見時，則將為它哭泣。這就是痛苦生起之道。我們可觀察此事，若無「我」或「我的」，就能在活著時善用事物，不會執著它們為我們所有，若它們遺失或毀損，那也是很自然的。我們不將它們視為我們的，或任何人的，且無自、他的分別。

我認為貪愛與執著導致人們害怕改變與死亡，出生之後，他們就不想死。但那合理嗎？那就如把水倒進玻璃杯，卻不希望將它倒滿一樣。若你持續倒水，無法期待它不滿，但人們出生之後卻不想死。試想，若人們出生後永遠不死，那會帶來快樂嗎？若生到這個世上的人都不會死，事情將會更糟糕。我們最後可能都得吃糞便！我們將棲身何處？那就如不斷把水倒進玻璃杯，卻不希望它被倒

滿一樣。我們真的應把事情徹底想清楚，若真的不想死，就應該如佛陀所教導的去了解「無死」。你們知道「無死」的意義嗎？

雖然你死了，你若具有了悟無我的智慧，就猶如沒死。不死、不生──事物在此可被了結。出生並欲求永生的快樂與享受絕非正道，但那卻是人們所希望的，因此他們不可能滅苦。真正的修行人不苦，普通修行人依然痛苦，因為他們尚未圓滿修行之道，還不了解「無死」，因此依然痛苦，依然受制於死。

從子宮出生後，我們能避開死亡嗎？除了覺悟「無我」之外，並無其他避開死亡之道。「我」不死，只有「行法」（有為法）根據它們的自然本質在遷流變化。

當別人看著這樣一個人並試圖理解他時，可能會認為他瘋了。但此人不是瘋子，而是一個精進的行者。這種人以各種不同的方式，才真的知道什麼事是有用的。

覺悟者看世俗凡夫時，她認為他們如小孩般無知，而凡夫看覺悟者則認為她瘋了，但她對於他們所賴以生存的事物完全不感興趣。換個方式說，阿羅漢很像瘋子。人們看見阿羅漢時，會認為她瘋了，若你咒罵她，她不在乎，無論對她說什麼，她都不反應，像瘋子般──看似瘋癲，卻具有正念正知。真正發瘋的人當被咒罵時也許不生氣，但

那是因爲她不知道發生什麼事。人們觀察阿羅漢與瘋子可能認爲他們是相同的，但瘋子是最低者，活在具有強烈我愛的情況中；而阿羅漢則是最高者，解脫一切自我的觀念與執著。若你只看他們的外表，他們也許很相像，但他們的內在覺知和對事情的看法，卻截然不同。

好好思惟此事。當某人說某件事應會讓你生氣，而你卻一笑置之時，人們可能會認爲你瘋了。因此，當你教導別人這些事情時，他們不太容易了解。對他們來說，必須內化與直接體驗它，才可能眞正了解。

5 我的牙齒、我的枕頭、我的椰子

我們聽到「法」的言語,例如「沒有東西是我或我的」,可能認為自己相當了解。當我開始修行時,先修習身至念①,並感到對於「無我」有些洞見,逐漸不執著事物。然後有一天,我掉了一顆牙齒。

「啊!我的牙齒脫落了,看來我正在變老。」突然間,我感到憂鬱與沮喪。

之後,我決定進行頭陀(tudong)苦行,那應該是種極簡生活的練習。通常你只準備衣、缽與幾樣基本配備,例如濾水袋、針與線。我認為自己並無太多財物牽掛,且少欲知足。但當在準備打包時,我卻捨不得拋開任何東西。我整理了一大袋,它看起來似乎已超過自己所能負擔的程度,然後我想到枕頭,決定必須也帶著它。每樣東西似乎都是我的,且似乎都如此必要——甚至包括我用來擦地板的椰子殼。

譯 註 ....

①身至念是「身念處」的十四種禪修法之一,是將身體分成三十二部分作為禪修的主題,前五項即是頭髮、體毛、指甲、牙齒、皮膚。修持時以厭惡作意正念於身體各部分的不淨,是止業處;若以四界(地、水、火、風)觀照,是觀業處。修習此法能去除對五蘊的執著而獲得解脫,是佛教特有的修行方式。參見《清淨道論》第八〈說隨念業處品〉與第十一〈說定品〉。

第五部 禪修要點

1 止與觀

　　禪修的安止，通常被區分成由定產生的平靜與由慧產生的平靜。在由定產生的平靜中，必須避免自己和他人互動與接觸，眼必須遠離色，耳必須遠離聲，然後不見、不聽、不識等，將可因此達到安止。

無論經驗什麼
都只是法爾如是

　　這種平靜自有其價值，但它並非究竟的，而是暫時與不可信賴的。當感官接觸可愛或不可愛的外境時，它因為被吸引或不希望它存在而改變。因此，心必須一直和這些境對抗，智慧不會生起，因為禪修者一直因為那些外在因素而無法平靜。反之，你若決定不逃避而直觀事物，將了解缺乏安止不是因為外境或外緣，而是因為錯誤的了解所致。

　　當你一心一意想在禪修中找到安止時，可找個最寧靜與偏僻的地方，在那裡不會遇到形色或聲音，或發生干擾你的事，心便可沈澱下來並達到安定，因為那裡沒有刺激它的事。檢查這個狀態，去看看它有多少力量：當走出那個安靜的地方並開

始經歷感官接觸時，注意你如何變開心與不開心、高興與沮喪，以及心如何被擾亂。那時你將了解這種安止是不真實的。

　　無論經驗領域中發生什麼事，都只是法爾如是。當某件事令我們開心時，就判定它是好的；當某件事令我們不開心時，則說它不好，這只是我們的分別心在給外境貼標籤。

　　了解這點，我們就有了一個觀察這些事並如實看見它們的基礎。當禪修中有安止的時候，它無須做許多思惟。有某種具有覺知特質的敏感度會從安止心中生起，這不是思惟，而是擇法覺支①。

禪定不只是打坐
在一切姿勢中都可能有禪定

　　這種安止不會受到經驗與感官接觸所干擾。但問題來了，「若它是安止，為何還會有事情發生？」在安止內有某些事情發生，但並非以普通的方式發生，它只是如實顯現而不會被過度延伸。在安止中發生某件事時，心非常清楚地覺知它，並生起智慧。

　　我們如實觀察事物發生，此時安止會遍及一切，當眼睛見色或耳聞聲時，我們認出它們的實相。在後面這個安止的形式中，當眼見色時，心是平靜的；當耳聞聲時，心是平靜的。無

論經歷什麼，心都不爲所動。

　　這種安止正來自另一種安止——那種無知的定，那是使它生起的因。智慧來自安止，了知來自不知；心從不知的狀態，從像這樣學習觀察中逐漸了知。定與慧等持，無論在哪裡或做什麼，我們都看見實相。我們了解心中經驗的生與滅，然後不再多事，沒有任何事要被更正或解決，不再有疑慮，哪裡也不想去，不再逃避。

　　我們只能透過智慧出離，如實覺知事物並超越它們，然後得到安歇。一旦練習達到目標、覺知目標，並成爲目標，此後當我們活動時，絕不可能招損或受害。當端坐不動時，我們絕不可能受到傷害，無論任何情況，沒有任何事可影響我們，修行已趨於圓滿，已達到目的。

　　也許今天並無機會坐下來禪修，但我們沒問題。禪定不只是打坐，在一切姿勢中都可能有禪定。若能眞的在一切姿勢中修行，我們將可如此受用禪定，沒有任何事可妨礙它。我們不會說：「我現在內心不清明，因此無法修行。」我們將永遠不會有那種感覺。修行就應該是如此，沒有疑惑與糾葛。

譯註 ....
①擇法覺支是七覺支之一。在禪修中，它是種直覺的、具有辨識力的慧，可辨別「法」的特性，通達涅槃的本質，是「智慧」的同義辭。

2 流動的止水，靜止的流水

　　靜止是定，而流動是慧。我們禪修讓心安定，如靜止的水一般，然後它可以流動。

　　一開始，我們學習止水像什麼，以及流水像什麼。修行一段時間後，我們將看見它們如何相輔相成。兩者都在靜止與流動，這是一件不太容易想像的事。

　　我們可了解止水不流動，也可了解流水不靜止，但當修行時，我們同時體會兩者。真正修行人的心就如流動的止水，或靜止的流水，行者心中無論發生什麼事都具有那種特質。只有流動是不正確的，只有靜止也是不正確的。當我們具有修行的經驗時，心將處於這種流水是靜止的情況。

　　這是我們從未看過的事。當我們看見流水時，它就是在流動；當看見止水時，它不流動。但在我們心裡，它真的會如靜止的流水一樣。在佛法的修行中，我們有禪定或安止，與智慧等持。然後，無論坐在哪裡，心都是靜止的，且是流動的。靜止的流水。

　　每當此事在行者心中發生時，它都是特殊與奇異的，和我們一直以來所知的凡心不同。從前，當它流動時，它動；當它靜止時，它不動，就只是靜止——心可如此比喻為水。但透過

禪修，它進入一種狀況，即如靜止的流水一般。無論我們在做
什麼，心就如流水，不過是靜止的。讓我們的心像這樣，定慧
等持。

3 落實修行

　　佛陀教導我們要有適合禪修的生活條件：舒適的環境、滋養色身的食物與善知識。但好條件實在難尋。教法談到這些好條件，但它們該去哪裡找呢？我們四處找尋，但似乎很難遇見它們。

　　因此我們想知道，需要什麼才能舒適地修行呢？我們認為若擁有一切對的事，包括好的食物、舒適的環境與良師益友，就能搞定一切。事實上，在這麼美好的情況下，我們可能會死於輕忽與放逸。

　　人們對於適合修行的舒適情況有許多想法與欲望，但我們若有一顆少欲知足的心，則無論走到哪裡都能很自在，留下來很好，去也很好。但對多數人而言，若缺少物資，就不會快樂；若物資過剩，它又會變得困難。不論如何它似乎永遠都不對勁，也許不認同人們做事的方式，將為此感到不快樂，或可能聽到的教法與自己不太相應。

　　佛陀的教法是正確的，只是我們的心還沒做對。人們說：「我想要認真修定，因此要離開這地方。我想要專心修定，並落實它。」但「落實它」是什麼意思呢？他們不知道它是否真實。若它是真實的，心就會變得很平靜！若他們是在落實修

行，爲什麼還不平靜呢？這是必須要衡量的事。當它不是「眞實的」時，就會不平靜。

　　眞實地修行佛法是什麼意思呢？有許多你可修行的禪法。那就如世人以各種方式在謀生：有農夫、商人、公務員、工程師、製造各種商品的工廠作業員，它們都被歸納爲謀生。對我們來說也是如此，我們稱它爲修行佛法，但重點是它應該是引領你到放下，到止息，到愛取滅盡。

4 認眞的學生——阿姜查對於密集禪修的看法

　　雖然阿姜查身邊的人對他心存敬意，但他並不希望人們盲目地追隨他，或只是嘗試仿效他們認爲禪修者應做到的理想。他挑戰人們的思想，但他不會只是對他們說：「不，你錯了！這是佛陀所說……」反之，他會把追求解脫的責任交回他們的手上，讓他們自行去發現眞諦。

　　一個比丘來找阿姜查，請求讓他單獨修行一陣子——托缽，並就地吃飽後，便返回茅篷獨自禪修，而無須參加每天的團體行動，包括用餐、做雜務、唱誦與共修。阿姜查以嚴厲的語氣誇張地問他：「你認爲那樣就可以解脫煩惱了嗎？你看不見與聽不到就可以開悟了嗎？」這名比丘靜靜地坐著，一副受委屈的樣子。阿姜查隨即停頓了一下，並改變語氣說：「好，試試看吧！」

　　許多前來巴蓬寺的西方人認爲他們應該儘可能禪修，而無須浪費時間在團體活動上，例如唱誦或勉強坐下來聆聽他們聽不懂的開示。其中一位最初來寺者請求允許在團體禪修結束後便離開會堂，好讓他返回茅篷修行，無須和別人一樣留下來繼續唱誦與聆聽開示。

　　雖然阿姜查經常說必須讓一切活動都變成禪修，卻仍同意

此事。每天晚上，時間一到，他就會對大眾宣佈：「現在那個美國人要去單獨禪修了。」然後，一位尷尬的比丘便趕緊起身離開。

　　過一陣子之後，他開始感覺那真是一件蠢事，他決定隨順寺院中的生活方式，並信賴阿姜查為他的老師，他的禪修體悟從此時起才真的開始深化。

5 禪修指導——阿姜查與學生間的問答

問：我想得到平靜，想禪修並讓心變平靜。

答：就是這個——你想得到一些東西。若真的想要這個，你必須想想是什麼因素造成心的不安。佛陀教導事出必有因，但我們卻期盼撿現成的果，那就如沒種西瓜卻想吃西瓜一樣。那麼它從哪裡來呢？你只是偶爾得到一些，你便想：「啊，它好甜，好好吃！」於是你想要更多：「嗯，我怎樣才能得到更多西瓜呢？它來自何處？人們怎麼有西瓜可吃呢？」但光憑想像是無法得到的。

我們必須把它徹底想清楚，才能看得到全貌。檢視心的一切活動，在這個世間出生之後，我們為何會有痛苦、困難與負擔？且一再為相同的舊事受苦，因為我們的認知不夠徹底。

問題是什麼？我們在作繭自縛，卻不了解癥結所在。住在家裡，我們覺得很難和配偶、小孩或其他人相處。我們談論它，但不是確實了解它，因此它真的很難。努力讓心達到禪定也一樣，我們想不出為什麼自己無法證入禪定。我們必須了解因果的真諦，是什麼因素讓自己陷入這種情況中。一切皆從因生，但我們不明白。那就如我們有個裝

滿水的瓶子，喝光之後還想要更多——但瓶子已流不出水來。若我們從河中取水，就可一直喝，因為河流的水源源不絕。

深觀無常、苦與無我，並徹底覺知它，就如從河中取水。世俗膚淺的知識不會徹底了知，但藉由敏銳的洞見，我們充分了解這三相的深度與法味。之後無論發生什麼事，都能看見它的實相；當它息滅時，也看見那件事的實相。心一直在察覺實相，憑藉這個見解，我們達到一個安穩處，在那裡無須擔負痛苦或困難。貪愛事物並給它們貼標籤的問題，將持續減輕。我們看見事物生起，並看見它們息滅，再次生起與再次息滅。經常檢視這個「法」，多觀察它，多培養這個覺知。結果將是離染與離欲，你對每一件事都變得沒有欲愛。

與耳、眼、鼻與舌接觸的事物，以及心中生起的事物，我們都將清楚了知——將看見它們都一樣。看見諸法都具有無常、苦與無我的本質，它們一點也不值得被貪愛，離染之心油然而生。當眼見色或耳聞聲時，如實覺知它們。心快樂或痛苦時，或當它有可愛或憎惡的反應時，都覺知這些事。若執取這些事，它們將纏住我們，並立即將我們帶入「有」中。若放開它們，它們將走自己的路。放開色法，它們將沿色法之路走；放開聲音，它們將沿一切聲音

之路走。但當需要時，我們還是可以利用它們。

讓事物跟著它們的本質走，放開它們。若我們如此覺知，將會看見無常的事實。顯現的諸法都是幻相，無一例外，它們都是虛妄的。唯有當看出它們是假象時，我們才可能真的得到自在。有了正念、正知與智慧，我們看不到任何東西，只看到「法」生起以及法爾如是這個事實。即使當我們並未特別做什麼事時，無論可能在想什麼，都將看出我們的想法就只是如此，且不會為之所困。若心變安止，我們會想：「安止：沒什麼大不了。安止並非永恆的。」只有無常法，別無其他。我們坐在哪裡，「法」就在那裡，且智慧生起——那時候還有什麼事能夠讓我們痛苦呢？

我們為不是真實可得的事物痛苦，因為想著不值得想的事。我們有各種欲望，且希望事物成為某種特定的方式。希望成為什麼——例如你若希望成為阿羅漢、完全覺悟者——即是給自己帶來痛苦。佛陀教導我們別想成為什麼，因為他了解想得到與成為什麼這件事本身即是痛苦。

問：我想找一個適合個性的禪修對象，有時我長時修習念佛（Buddho），但心卻定不下來。我嘗試修習身至念、念死，但是都無法得到安止。因此，我對該怎麼做全然不知

所措。

答：放下它。當你全然不知所措時，就放下。

問：有時有一些安止，但隨後許多回憶便開始進來，於是我再次分心與散亂。

答：就是這個——無常。無常！一切都是無常。只要持續教導你的心：「不確定，不一定！」一切心理現象絕對是不確定的，別忘了這點。若心不安，那是不確定的；若心平靜，那也同樣是不確定的。別執著這兩種狀態，且別把這任何一種情況視為真實的。「心是無常的。」你聽過這句話嗎？你研究過這句話嗎？對它你會怎麼做？

安止不是恆常的，不安也不是恆常的。因此你應如何修行呢？應如何看待事物呢？若具有正見，就會了知安止與不安這些情況都是不確定的。然後會有哪種感覺呢？持續觀察此事。

若心變平靜，那會持續多少天呢？若它不安，又會持續多少天呢？只要持續說：「不確定！」然後事情會停在哪裡呢？如此持續，不著兩邊。

你修習念佛但不平靜，修習入出息念也不平靜。你為何那麼執著安止的概念呢？修習念誦「佛陀、佛陀」（Buddho, Buddho）並了知不確定性。別把你的心境看得

這麼嚴重，無論平靜或不安，由於這個愛著的緣故，它們都是在戲弄你。我們必須比它們聰明一點，當這兩種情況出現時，覺知它為不確定，然後事物止息。試試看！無論發生什麼事，都持續以「不確定」對治它。通常我們不以正念對抗或經歷它，而是跟著它團團轉。

若有人想要做許多禪定的練習，我為它喝采。經上說到有兩種解脫——定解脫與慧解脫，「解脫」是意指滅除渴愛與無明的雜染。由定解脫者，透過禪定培養心力，終而產生智慧。

有些樹澆許多水會長得很好，但有些則只需要少量的水。就如此地的松樹——別澆太多水，否則它們將會死在你的手上。有些樹只需要很少的水就能長大與開花，它們如何辦到，可能會讓人感到有些奇怪。

禪修也是如此。在定解脫中，你嚴格地禪修，需要培養許多禪定。這是一種方式，就如樹為了長大需要許多水，但也有樹不需要太多水。

因此他們說達到解脫，有定解脫與慧解脫兩種方式。要達到解脫，行者當然必須憑藉智慧與心的力量。這兩種方式並非真的不同，那麼為何有此區別呢？那只是一種說法罷了，你若把它看得太嚴重，並嘗試區分它們，只會讓自己感到迷惑。

它們確實在某些觀點上，各有些許的強調重點。稱兩者相同並不對，而說兩者相異也不對。這就如談論性行①，教說中提到貪性行、瞋性行、痴性行與覺性行，那是指出某個傾向比其他的強。它們只是用來分類事項的名相，但請別忘記，我們一切學習以及所做各種修行的重點，是為了透過了悟諸法無常、苦與無我的本質，來達到解脫。

問：我們如何統一修定與禪觀，例如觀生命無常？
答：在開始之前，我們應坐下並放鬆心情，它很像做縫紉之類的事。當學習使用縫紉機時，首先我們只是坐在機器前熟悉它並感到舒適。若修入出息念，首先我們只是坐下並呼吸，不把覺知固定在任何事物上，只是注意自己正在呼吸，注意呼吸是否放鬆，以及它是長或短。然後，開始在三點上專注入息與出息。

　　在呼吸通過鼻孔、胸腔與腹部時，把注意力集中在它上面。當空氣進入時，先通過鼻子，然後通過胸腔，最後到達終點腹部。當它離開身體時，開始是腹部，中間是胸腔，最後是鼻子。我們只是注意它，這是開始控制心的方式，覺知入息與出息的初、中、後點上。

　　我們如此修行，直到它進行得很平順。下一個階段是只集中覺知呼吸接觸鼻尖或上唇的感覺，而不在意呼吸是長

或短，只集中在進與出的感覺。

可能有各種根、境接觸或想法生起，這稱為「尋」（vitakka）。它帶來一些概念，可能是關於有為法的本質，關於世間或其他任何事物。一旦它出現，心會希望涉入它或同化它。若它是善法，就讓心取用它。若它是不善法，就立刻停止。若它是善法，讓心觀察它，輕安會生起。在呼吸進出時心將是明亮與清晰的，這些「尋」思出現，心取用它們。然後它轉變為「伺」（vicāra）。心逐漸熟悉禪境，自我策勵並同化它。

你正在打坐，突然間腦海中浮現某人的念頭──這是「尋」。然後你尋思此人並開始想到關於他的細節──這是「伺」。例如，我們想起死亡的概念，然後開始思惟它：「我會死，別人也會死，一切眾生都會死；當他們死時，會去哪裡……？」停！停止並再把它拉回來。若它跑開，打斷它並回到入出息念上。持續如此做，直到心是明亮與清晰的為止。

當你繼續時，「尋」與「伺」會一再出現。若善巧地觀察禪修對象，如生命無常，此時心將體會更深的安止，並生起狂喜。有「尋」與「伺」，而那將帶來愉悅與狂喜之心。若你以適合自己的禪修對象修習「伺」，你可能會經歷寒毛直豎並淚流滿面，一種極喜的狀態──狂喜生起

時，會發生許多不同的事情。

　　「喜」過一陣子之後，會開始減弱與消失，因此你可再次進行「尋」。心將變得堅定與不動。然後再繼續進行「伺」，心將與它合一。當你在修習適合自己性行的禪法並順利進行時，無論何時取用禪修對象，心都將變得輕安。來回進行尋與伺，一再重複，狂喜會生起。然後是樂。

　　這發生在坐禪時，在坐了一段時間之後，你可起身修習行禪。心在行禪中也可能與坐禪相同。沒有任何貪、瞋、掉舉、昏眠與疑蓋，心將清淨無染。

問：這可能發生在任何一種思考的情況嗎？或它只能在安止的狀態下發生？

答：它發生在心是安止時，而非普通的攀緣心。你以平靜的心打坐，然後「尋」生起。例如，我想到剛去世的兄弟。此時心是安止的——這安止不是什麼確定的事，而是心暫時安止。在「尋」生起後，我接著進入「伺」。若它是一連串善巧與健康的思想，它將導致內心輕鬆安適，然後有狂喜，伴隨切身的經驗。這狂喜是來自「尋」與「伺」，它發生在平靜的狀態下。我們無須賦予它如「初禪」、「第二禪」等的名相，可以只稱它為「安止」。

　　下一個禪支是「樂」。最後，隨著安止加深，我們拋開

「尋」與「伺」，心的狀態變得愈來愈微細。「尋」與「伺」相形下較粗，因此它們會消失，剩下的只是「喜」，伴隨著「樂」與「一心」。當它成熟時，將沒有任何東西——喜與樂消失，心是「空」的。那是禪定。

我們無須固著或安住在這任何一種經驗上。它們將自然地從一階進步到下一階。它意味著心變得愈來愈安定，它的對象穩定地消減，直到沒有任何東西，只剩下「一心」與「捨」為止。

心安止與集中時，這可能發生，那是已達到安止之心的力量。貪欲、瞋恚、疑、昏眠與掉舉等五蓋將不再出現。雖然它們可能依然潛存在禪修者心中，但是此時它們不會發生。

禪修中的重要原則是，無論發生何事都別懷疑，疑惑只會增加糾葛。若心是明亮與清醒的，別懷疑此事。只要持續精進修行，別被困在對那些狀態的反應中。對它們保持覺知，別對它們起疑惑，它們只是如實存在而已。

當修行時，這些狀態是在進步過程中會遇到的事。覺知它們，並保持放下。無論心是黑暗或光明的，別固著於這些情況上。持續行禪或坐禪，持續注意正在發生的事，別被綁住或沈迷其中。別讓自己為這些心的情況痛苦。有時心是喜悅的或悲傷的，可能有快樂或痛苦，也可能有障

礙。別懷疑，了解它們只是心無常的情況，一切出現的事都是由於因緣成熟而產生。此刻，這情況正在出現——那是你應該了知的事。

問：我們應閉上眼睛排除外緣，或應看著事物並處理它們呢？
答：當剛開始修行時，應避免太多感官輸入，因此最好閉上眼睛。別看可能干擾或影響我們的對象，加強心的力量。在心夠強壯時，就可睜開眼，無論看見什麼都不會影響我們，此時睜眼或閉眼都無妨。

　　當休息時，通常會閉上眼睛。閉眼坐禪是行者的安歇處，我們從中得到享受與休息。但當無法閉眼時，我們能處理事情嗎？我們閉眼打坐並從中獲益，而當睜眼時，則可處理遭遇的任何事，事物不會失控——我們不會有任何漏失，基本上我們只是在處理事情。只有在回到坐禪時，我們才真的是在增長智慧。

　　這是增長修行的方式。當它達到圓滿時，此時無論睜眼或閉眼，它都會是一樣的，心不會改變或脫軌。在一天早、中或晚的一切時中，心的狀態都將相同，沒有任何事能動搖它。快樂生起時，我們了知：「它是不確定的。」然後它通過。痛苦生起時，了知：「它是不確定的。」而它也一樣會過去。

在禪修中，我們將遭遇各種心理活動與煩惱的生起。正確的見解是立即放下一切，無論快樂或痛苦。雖然快樂是我們所欲，而痛苦是我們所不欲，都了知它們具有相同的價值。這些都是我們會經歷的事。

快樂是世間人所欲求，痛苦則非人們所欲。涅槃是超越欲與不欲之事，在涅槃中不涉及任何欲求，並無想要得到快樂、解脫痛苦或想要超越快樂與痛苦。那便是平靜。

譯 註 ....

①性行是指通過個人的自然態度與行為所顯露的性格，由於過去所造業的不同，人的性格也因此不同。阿毘達磨諸論師將性行分成六種：貪、瞋、痴、信、覺、尋，如貪行者適合修持十不淨與身隨念等十一種業處。

6 它是什麼？——阿姜查的禪修

　　阿姜查對於禪修是採取一種單刀直入的態度，且建議人們別被困在疑惑中或過度延伸禪修的經驗，無論它們看起來多麼不尋常或特殊。在一篇早期的傳記中，他描述一天晚上所發生禪修經驗的連串轉變。他感到身體擴張並爆炸開來，伴隨著巨響，當它結束時，他問自己：「那是什麼？」

　　答案立即在他心中呈現：「法爾如是。」那為他解決此事，它成為他趨入禪修的方式，並為他的修行帶來不可動搖的特質。

7 別沈迷於安止

年輕時，我曾以錯誤的方式尋求平靜。我會坐下來修定，但心卻靜不下來。它狂野放肆，無論我如何嘗試把它拉回來都無效。若它真的回來了，也待不住。

別沈迷於安止
也別沈迷於散亂

怎麼辦？我應停止呼吸嗎？我曾試過屏息，嘗試迫使心停止亂動，但它還是會動。於是我屏息更久，但屏息愈來愈久唯一可能的結果是，我最後將窒息而死。

同樣的情況也發生在我感覺禪修受到聲音干擾時，我用蠟封住耳朵。我真的把它們塞得很緊，好讓自己聽不到任何聲音，這看似是個好辦法──再也無外來聲音能干擾我。但我開始想：若不聽或不看任何事是成佛之道，那麼聾人與盲人應該都已開悟，全聾者早該成為阿羅漢。

因此，我持續思惟此事，直到獲得一些了悟為止。我了解到，只試著把事物擋在外面，無法真的保護我，因此我停止那麼做。我了解造成問題的只是自己與自己的執著，因此我現在

有很多遺憾。想到過去剛開始禪修的方式，那時的我是多麼愚痴，我真的覺得很糟。我為了脫離痛苦而修行，但卻只為自己招來痛苦，結果是我從未曾有過平靜。

在心轉為安止時，會很快樂，若因而得到數日平靜，我們覺得那真是值得高興。然後有一天，突然間覺得如坐針氈，我們坐不住，什麼事也不能做，心是如此狂亂不安。我們百思不得其解，為何它不再像以前一樣，過去那幾天是如此平靜，我們忍不住會期待那個經驗再回來。

就在這裡我們迷惑了，心的情況會改變，它們不是固定、確定與可靠的，那是它們的本質，一直都是如此。太陽底下無鮮事，沒有什麼事是不同或獨特的，它們都受制於這些相同的特質。我們必須持續觀察心的反應，它喜歡一些事物而討厭其他事物的方式。當喜歡時，我們感到高興，這種高興的感覺只因迷惑而產生，而非因我們是對的。

你若是安止的，別沈迷於它；若是散亂的，也別沈迷。佛陀教導我們別陶醉其中，這適用於一切經驗，毫無例外。若總是想要更多，則我們總是處於混亂的情況中，因此，佛陀說只在止禪（samatha）中並無智慧。

全方位體驗外境
了知事物的實相

在止禪的修習中，首先可能因遠離外在欲境而感到平靜，未聽到聲音，未經歷其他的感官欲境，我們可以平靜。就它本身而言那是好的，因為能暫時避開事物。就如某些疾病，例如癌症，它可能暫時是隱性的，沒有疼痛或腫瘤等症狀，因此這個人在疾病發作前，都覺得還不錯。

那是處於止禪中，不注意任何事，覺得自己沒有煩惱。但當我們離開平靜的環境，開始遭遇形色與聲音時，可能會被那些事擾亂。那麼接下來你能怎麼做？在這世間你可藏身何處呢？你可以到哪裡而不用看、不用聽、不用嗅、不用嚐，或身體不和任何事物接觸呢？

佛陀希望我們的眼睛去看東西，耳朵去聽聲音，鼻子去嗅氣味，舌頭去嚐味道，身體去感受軟、硬與冷、熱。他希望我們有這個全方位的體驗，而別活在完全孤立的環境中。他希望我們去經歷這些事，並了知：「啊哈！這就是事物的實相。」這是我們能生起智慧的方法。即使我們並未一直在坐禪或行禪，心仍能保持正念與正知，精進修行毫不放逸。善巧者就是以此方式修行佛法。

你們見過以前的禪修大師嗎？他們對事物並無分別心。我

們無法眞的了解他們的平等心，因他們的心是冷靜且有智慧的。每次痛苦嘗試接近時，它都無法動搖他們；當快樂生起時，它無法動搖他們。「別煩我，小朋友！」那是他們看待這些事物的方法。當痛苦生起時——「別煩我，小朋友！」他們是大人，煩惱只能無助地坐在一旁。我們看著他們，並好奇他們是如何辦到的，我們自己的心正爲這些事而熱惱。

　　因此經上說，我們應找一位已成就的心靈導師，以他或她的例子爲基礎，然後長期思惟它。

8 持之以恆

　　逐漸地，我們可以從事禪修。我們尚無深奧的智慧，並非真的知道自己在做什麼，但可一次進步一點點。我們可能不知道自己有進步，但可一點一滴地做。

　　當吃東西時，在第一口之後就飽足了嗎？你不會有那種感覺。但可說已飽足，雖不是很飽。吃第二口，你更飽，但它依然只是一點點。若持續吃，一次一點點，你將會達到目的。想一想，向前看，你將看見自己要去哪裡，最後你將緩慢咀嚼最後一口。積少成多，飢餓減少，直到最後你將滿足——可能飽到無法再看食物一眼的地步。你所吃下的每一口，一次一口，已經填滿你。

　　此地的老人會告訴你，乾竹子裡有火。從前，火柴很難取得，且並非經常有效。當人們進入森林時，只能找一些乾木柴，他們知道裡面有火。每次想煮東西時，只要把兩片乾竹子放在一起摩擦就能點火。他們只是持續摩擦它們，起初柴枝是冷的，摩擦一段時間後，它開始轉熱，然後有煙。它確實在一段時間後會轉熱，且更久之後冒煙，最後起火。

　　現在他們的子孫與後裔——處於現代我們，不太有耐性，若嘗試摩擦竹片生火，兩分鐘內就會不耐煩。我們受夠了，並

放下柴枝：「休息時間到了！」然後當再次撿起它們時，發現它們冷了。我們開始再次摩擦，但由於是重新開始，因此它們無法很快變熱，我們再次不耐煩。像這樣可能持續一小時或一整天，都還看不到任何火苗。我們擦了又停，擦了又停。然後開始批評老人：「這些老傢伙瘋了，不知道在說什麼，他們一定是在說謊。這段時間以來，我已一直在摩擦柴枝，但仍一無所獲。」

若我們的了解與對修行的投入不夠深入，就會發生這種事，明明還不夠熱，卻期待有火。老人們已辦到，他們知道它得經過一番努力。你必須持續摩擦，不要休息，否則只會得到冷柴枝。

這就如學生來到這裡學習禪法，聽聞一些教法便想趕快獲得它，希望找到最快速成就的禪修方法。我告訴他們：「欲速則不達。」有「因」與「果」，要想怎麼收穫，先得那麼栽；「果」不會因我們希望而自己從天上掉下來。「最快速」——連佛陀也卻步。

我們將因為持續努力而逐步成就道業，就如有人摩擦竹片取火，不停地摩擦，熱度便會增加。她愈摩擦，它就變得愈熱，當煙冒出時，火就不遠了；但在取得煙時，她並不休息。那並非兒戲，因此她知道必須持之以恆。以這樣的方式，她取得火。

9 高遠理想與日常挫折
——一位年輕比丘與阿姜查

當一位年輕比丘初次來到巴蓬寺說要會見阿姜查時，他自以為是個有能力的禪修者。他談到和不同禪師相處的經驗，覺得自己一定給大師留下深刻的印象。阿姜查沒說半個字，而是離開座位，趴在地上，開始像狗一樣開始四處嗅聞。這個年輕人了解阿姜查可能試圖告訴他什麼事。

他留下來進行修鍊，不久後開始感覺自己一事無成，且生活枯躁缺乏樂趣與意義。他相信自己再也笑不出來，因此去找阿姜查。

阿姜查告訴他：「你就如一隻幼小的松鼠，看見成鼠爬樹且在枝頭間跳躍，也想要那麼做。因此牠以一隻腳爬出去卻失去平衡，然後『砰』的一聲掉到地上。母鼠撿起牠，將牠帶回樹上，但牠仍想要跑與跳。牠再次行動，然後又『砰』的一聲掉到地上。」阿姜查繼續這故事，描述可憐的小松鼠一再地掉到地上，直到這個認為自己再也笑不出來的比丘笑得在地上打滾為止。

之後他再次為自己的無能，達不到心目中出家生活與禪修的高遠理想而沮喪，儘管他已盡一切努力去持戒與辛苦修行。

他去見阿姜查表達自己的挫折，阿姜查告訴他一個故事。

「過去曾有隻驢子經常聽到蟋蟀唱歌。驢子心想：『能像那樣唱歌該有多好！』牠問其他動物，蟋蟀的祕訣是什麼，牠們告訴牠蟋蟀喝露水。

「因此，牠每天早上都去舔草上的露水。終於有一天牠開口唱歌，但牠仍像驢子般發出刺耳的叫聲。」

第六部 **成道**

1 徹底解決問題

　　無論人們是何種性行，可能有貪、瞋、痴、慢或其他煩惱，佛陀都教導他們如何修行，以減少這些事，終而徹底解決它們。這是一種最好的知識，在世間知識的學科中，各式各樣的人研究各種事物，並獲得各種知識。有些人達到較高的位置，便認為自己很重要，結果是人們因而無法和睦相處，社會也變得不和諧。這是外在知識與學科的方式。

只要有生
就一定會有死

　　在佛教的方式中，我們願意聆聽事物的實相，並試著去了解什麼是真實與正確的。那意味著什麼？它的目的是解決我們的問題。修行佛法是為了解決我們在世上經歷的一切問題，包括自己與他人的問題、家庭的問題，任何一種今日人們面臨的許多與困難的問題。

　　有各式各樣的問題，但佛陀教導我們解決它們的真實與究竟的方式。事情的真相、真正的答案是，沒有任何人在解決問題，且沒有問題：因為沒有人在解決問題，所以問題實際上並

不存在。這是它的根柢，若有某個人在解決問題，就會有許多問題，事情將會沒完沒了——那是世間的方式。

在佛法的方式中，我們說沒有任何人在解決問題，且沒有問題。那是我們能徹底解決它的方式，是趨入涅槃之道。若有某個人在解決問題，那將一直會有問題。若我們察覺問題，那麼就有人在解決問題。

舉個簡單的例子，過去這裡的情況非常簡陋，我們很少淹水，因為沒有水壩。現在貧窮成了一件重要的事，由於人們種不出足夠的糧草，因此四處都築起河壩來，許多樹都不見了。每逢大雨，河水就溢出水壩，它必須洩洪，如此一來，下游的村莊與城市就遭殃了。在過去，我們順應自然，河水均勻地流動，不會淹水。像這樣，只要有進步，某種損失亦隨之而來。

若什麼事也不做，人們因貧窮與欲求而痛苦；若採取減輕它的作法，又衍生出其他一些苦惱。這個世間就是如此，沒有任何一勞永逸徹底解決它的辦法。唯一可能徹底解決的情況是：沒有問題，以及沒有解決問題的人。結束！

我們該怎麼做？生到這個世間，我們都面臨許多困難。由於世上聚集如此多的生命，因此不和與混亂是必然的。佛陀說只要有問題，只要有解決它們的人，只要有人在解決問題，就一直會有問題。只要有生，就會有死。

我們大多偏好生，不需要去尋找死，因為它自動和生一起

來，它們是一體的兩面，無論多麼不希望有死，它總是尾隨而來，那是自然的真相。但它卻很難被接受。我們有這種感覺：「對於生我很高興，但我不想死。」或若必須死，那讓別人先死，我們最好晚一點，讓我們活得愈久愈好。但活那麼久不會很痛苦嗎？我們總以為活很久會帶來快樂，那真是愚痴的想法。它就如入息與出息，你若認為只要生不要死，那麼試著在吸氣後停止吐氣看看。

何者較有價值，吸氣或吐氣？想想看！它就如出生與死亡。你如果說吸氣比較重要，那麼試試只吸氣不吐氣看看，能維持幾分鐘？或者認為吐氣比較重要，則再試試吐氣而不吸氣看看。

當五蘊瓦解時
其中並沒有死亡的人

對我而言，佛陀的教法才是正道。他看出生死輪迴的連續性。他說：「見空性者，死神難覓。」那時死亡將不會影響我們。為何會如此呢？因為沒有「我們」。

坐在這裡的這個積聚體，佛陀稱之為「五蘊」（pañca khandha）：色蘊、受蘊、想蘊、行蘊與識蘊。那便是人的實相，只有這五蘊，哪裡有「人」呢？「人」僅只是肇因於地、

水、火、風的集合罷了，這四大元素被假名為「人」。死神無法追蹤與找到「人」，只可能追蹤到分崩離析的地、水、火、風等四大，其中找不到「人」。

了知身體是「空」的，就不會執著它，死神也抓不到我們。我們不死！難道不是這樣嗎？當沒有「我們」，沒有自我時，我們將不死。佛陀談到「無我」。但當你聽到此事時，請聽仔細，在「無我」的真實意義中，哪裡有「人」呢？只有地、水、火、風的蘊積──空。雖然事物是「空」的，但我們卻依世俗慣例設想這是「我」與這是「我的」，因而有我執。

於是當地、水、火、風瓦解時，我們死亡，因為我們把自己固著在那裡。那些東西對我們來說不是「空」的，而是自我，因此我們必須死，且為死亡悲傷與流淚。佛陀教導我們只有五蘊，身體只是這五蘊的積聚體。當五蘊瓦解時，死亡不會影響我們，因為我們不住在那些東西裡面。

想想幼蟲變成蜜蜂，當蜜蜂脫蛹而出時，它留下空殼。當看殼時，我們不知道蜜蜂在哪裡？蜜蜂再也不住在裡面。

因此佛陀教導我們去除自我的概念，若了解自我的假名與無我的實相，問題就解決了。其實不是問題被解決，而是無須解答。沒有問題，因為沒有人在解決問題。若清楚看見這點，生命就會變得無爭與無礙。

佛陀教導我們思惟諸行無常，身與心的現象都是無常的，

去覺知它們的實相。這是智慧，是生起無我正見的方法。簡而言之，我們可以如此說：沒有死亡的人。若能斷除我執不再執著這些事物，則將只剩下地、水、火、風的瓦解。

以智慧摧毀我見
徹底覺知世間

有個關於佛陀上首弟子之一的舍利弗尊者指導瞿那曼陀尼（Guṇamantani）比丘的故事。瞿那曼陀尼是舍利弗的學生，他正準備要進行頭陀苦行。

瞿那曼陀尼覺得他已準備好了。但由於在苦行時，行者會遭遇各種障礙與狀況。身為老師的舍利弗希望在弟子隻身出發前，檢驗他的理解程度，他想要知道瞿那曼陀尼是否真的作好了準備。舍利弗問他：「若有人，有聖者或凡夫問你：『瞿那曼陀尼尊者，當覺者去世時，他們將轉生何處？』你會如何回答他們？」

瞿那曼陀尼尊者回答：「我會對他們說：『色、受、想、行、識生起，然後息滅。』」

我在作研究時讀到這句話，它對我並未呈現任何意義。某個人在問一件事，另一個人回答他另一件事，這兩個人似乎完全對不上。當然，它是有意義的，答覆確實以最真實的方式回

應，只是我太無知而無法了解。

當瞿那曼陀尼被問到聖者去世會如何時，他並未直接說明。他只回答：「色、受、想、行、識生起，然後息滅。」因為這種人不死，只有五蘊在生與滅；他們不住在那裡。這就是此事的實相，沒有回答，因為沒有真實的問題或疑問，且沒有解決問題的人，一切就此結束。

你們了解事情如何結束嗎？他們因為「無」而結束。但若有人談到「空」或「無」，我們就變得心灰意冷——畢竟，我們確實擁有很多財物。對於我們在家擁有的一切事物怎麼辦？但你應該小心這個問題，別為你所擁有的事物太過焦慮，它們並非真是你的。

我們無法了解這點，也許想了解它，但它很困難。我們聆聽與沈思，它聽來沒錯，我們也有點了解，但無法完全體會它。內心的煩惱粗重，它們障礙我們。

貪欲牢牢綁住我們。例如，聽到要少欲，人們完全無法接受。他們充滿欲望，想要很多東西，且通常不會停止，直到過頭並遭遇不幸為止，他們的取向完全和佛法背道而馳。

因此，我們需要仔細聆聽佛陀的教法。他教導「法」，目的是為了讓人們超越痛苦，無痛苦地活著。若無痛苦，那會如何呢？將沒有自我、「我」與「我的」，但在其中應該有智慧在運作，這樣才能獲得利益。

例如，若我們說：「這身體不是我的。」然後便拿武器毀了它，那不會帶來任何利益。「這些杯子與盤子不是我的，因此我可以打破它們然後丟掉。」那是最無知的一種人。或當你覺得孩子的負擔很沈重時，可能會想：「嗯，佛法說這些小孩並非真是我的，因此我可以拋棄他們。」別那麼做！

若無自我，那怎麼可能有任何東西屬於自我呢？好好想想這點，它應該不難理解。若有「我」，那就有屬於「我」的東西。於是這杯子成為「我的」；若沒有「我」，則杯子不是「我的」。有東西破掉或遺失時，那就好像看著別人的財物破掉或遺失，那種傷心的程度和它屬於你的情況相比大不相同，關鍵在於是否有自我的概念涉入。

因此，我們被教導要摧毀這個我見，以智慧去摧毀它——我們無法以戳刺或掩埋的方式摧毀它。佛陀的目標是徹底覺知世間，若清楚覺知它，將不會有任何困難，因為我們不會執取世間。若不了知，我們就一定會執取世間諸法。

若認為自己死亡
就會一再地到處轉世

如今世人的作法就如有人試圖裝滿水桶，卻不把水倒進開口一樣。他們亂倒一通，因此水不會進入並注滿桶子，可能倒

一年或一輩子也裝不滿水。人們目前的欲望就像這樣，一直要更多的東西，卻永遠都不滿足。

窮人充滿貪欲，渴望更多東西；富人也充滿貪欲，並渴望更多東西。結果是我們找不到任何富人，每個人都因為他們的貪欲而貧乏。欲望帶來如此巨大的痛苦，它是我們真的應好好觀察與思惟的事。

我教導與訓練人們至今將近三十年了。我覺得關鍵是讓人們至少了解「法」，減輕他們的負擔且無須停留太久，至少可達到入流果，確保不會再有第八次轉世，那就很好了。不要讓自己轉生為可悲的生命形態，例如跳蚤、虱子，或烏龜、豬、狗，或聾人、盲人，或其他不幸的眾生。若現在不出離，我們不知自己將會淪落何處。

我們研究與修行的目標只是讓自己不必再受苦，沒有痛苦。那意味著痛苦找不到我們，死神也找不到我們。

有色、受、想、行與識，它們生與滅，其中沒有「人」，只有無常——不可信賴的現象。若認為自己死亡，那麼就會一再地到處轉世，你將無止盡地受苦，因為它沒有結束。

世尊是已完成者，所作皆辦，了結諸法。但我們若說「結束」，人們會感到不舒服，認為再也沒有可立足之處。他們聽到「結束」、「完成」與「無」，但不了解它，不明白它其實是一種快樂與自在的境界。

這一關很難跨越。我們談到離塵、出世間──出離世人的一切習慣、見解、思想與感受。塵俗意味著屬於世間，無論我們在世間獲得或完成什麼，都仍屬於世間，且必然會衰敗與消逝，因此別太執著。那就如甲蟲在刨土，牠可能刨起一堆比自身還大的土，但那也只是一堆塵土。若牠努力工作，便會在地上挖出一個深洞，但那只是一個土洞。若水牛在那裡拉了一堆糞，那將比甲蟲的土堆還大，但在廣袤的天地間依然很渺小。它們都是塵土，世間的成就就是如此。無論甲蟲多麼努力工作，它們都不脫塵土，都只是在製造土洞與土堆。

　　有世間善業的人具有在世間妥善行事的才智，但無論做得多好，他們都還是活在世間。他們做的所有事都是世俗的，且有其限制，就如甲蟲在刨土一般，洞可能挖得很深，但它還是在土中，土堆可能很高，但那也只是一堆土。做好一點，得多一些，我們在世間就只是如此。

　　無論哪種程度的世間知識與成就，都還是令你處於這痛苦的領域中。不管有多麼快樂，都是依賴外在事物，它並非自由的快樂，或不依賴任何外在事物的快樂。我們依賴什麼？依賴擁有、娛樂、名譽、讚賞與財富。我們依靠這一切事物，就如依靠一根腐爛的老樹幹。在靠得過久後，它破碎瓦解，我們也隨之跌倒，這便是世間的快樂。但佛陀希望我們覺知它，你活在這些事物當中，因此請覺知它們的實相。

了解只有五蘊與四大
你將安然無事

　　當某人吞下毒藥時，它很危險。不過，無論毒藥有多強，只要人們覺知它，且不吞下它，就毫不危險。

　　做毒藥的人覺得它好，但它的好是以一種不好的方式來達到。她想要賣它，因此必須推銷它：「這個藥劑真的很好！若拿給老鼠吃，老鼠會死，拿給狗吃，則狗會死。它會殺死一切吃下它的生命，能殺死雞、鴨和人！我的產品就是這麼好！」

　　「嗯，若它那麼好，你為何不自己服用？」

　　「哦不！我絕不用它。」

　　「為什麼？」

　　「它好是用在殺死人與動物上，不是用在我身上。」

　　「好」在「法」之外是如此，只好到這樣一個程度。推銷毒藥者很聰明，不會自己服用。她說它真的是很好的東西，但知道它會致命，且愛惜自己的生命。人們說好的東西有很多，但佛陀的「法」是完全與無害的東西，它有很好的解釋且理由充足。然而，當人們遇見它而嘗試了解時，卻遭遇困難，因為他們受到我執的障礙。但你若可放下執著，則生命中貪、瞋、痴的負擔就會減輕。

　　若你可了解只有五蘊與四大，「人」只是一種假名，若你

真的清楚看見這點，則無論別人說什麼，對你都無關緊要。若遭到毀謗或侮辱，你將安然無事，但不了解的人則無法如此釋懷，他必須咬緊牙關勉強克制自己。

若真的如此接受「法」，就不會被問題所困擾，我們無須解決問題，它們自己會解決。為何這世間充滿困難？因為我們希望按照自己的習氣與方式去做事，希望所有事情都聽命於我們，但事情並非總是如願，這是法爾自然。我們期待人、事、物能依照希望的方式存在，因此才會被事物煩擾與傷害。

夫妻內心不平靜，因為覺得被小孩煩擾與攪亂，覺得被彼此煩擾，覺得被貓與狗煩擾。他們被工作煩擾，被朋友與鄰居煩擾。因為這種被煩擾的感覺，所以恐懼與焦慮經常出現，他們因而痛苦。

你將立身何處？若希望每個人的言行都符合你的意思，在這世上你找得到這樣的地方嗎？這種態度只會讓你陷入生不如死的無盡痛苦中。若依賴別人以取悅自己的方式來說話與行動，我們怎麼可能感到快樂？即使兩個人生活在一起，每天都會有一些爭吵，並對彼此不滿，只是程度多或少而已。若認為快樂之道是人人都說符合己意的話，則你在這世間將無處立身，那將生不如死，日復一日都會遭遇痛苦。我們希望快樂，但見解若不符合實相，怎麼可能獲得快樂呢？

因此，哪裡才是我們能離苦之處呢？我將把這問題留給你

們回去慢慢想，仔細思惟它。你划船過河，必須很努力才能到彼岸，但你若不夠聰明，即使到了之後也還未結束，若你仍扛著船穿越森林，就會撞到樹。

我對你們提出這問題，是為了讓你們的了解更圓滿。那些未覺悟「法」的人，雖然研究並了解「法」，卻仍未解脫。若你們只是聽聞、了解與修行「法」，別開始夢想自己已完成，你們的眼淚還會繼續流。若我們「即是」法，則只會看見地、水、火、風的積聚。唉！我們還差很遠，不是嗎？這不是在開玩笑。

我對你們當中想要得到佛法心要的人說這些事，重點不只是擁有舒適的生活，做好一點，得多一點。那樣你還是在為輪迴轉世鋪橋造路，仍充滿煩惱。今天我是開門見山地說，對於那些缺少正見的人來說，會覺得很吃力。這是為根器成熟者所說的「法」。

人們有許多欲望，但我們最終必須到達的地方，卻是完成、結束與擺脫一切事物。擺脫它不是藉由把它拋入河中，而是以智慧完成它。然後我們快樂與自在地生活，沒有痛苦。無論在工作中，或在與別人相處的關係中，我們都沒有痛苦。當生病時，我們沒有痛苦——我們了知唯有地、水、火、風。沒有問題，且沒有解決問題的人。它就這樣結束。

2 尋找老師——阿姜查與一位未入門弟子

　　一位來自泰國南部，憑本身優異條件被視爲大師的禪修比丘，來見阿姜查，並請求成爲他的弟子。但阿姜查只告訴他：「若你在找老師，你將找不到老師。若你有老師，則你沒有老師。若你留在我身邊，你將看不見我。若你放棄老師，則你將找到老師。」

　　只有短短幾句話，這位比丘雖然有些失望，但他仍相信阿姜查是個大智慧者。他頂禮之後，便進入森林思惟這些話。經過徹夜禪修之後，他終於了解阿姜查是在告訴他，眞實的「法」只能在每個人的心中找到，只有它才是眞正的老師。到了早上，他提出自己的體悟，阿姜查給予認可，於是他返回自己的寺院，覺得已完成前去拜見阿姜查的目的。

3 聰明的螃蟹

　　過去曾有個滿滿是魚的大池塘。日子一天天過去，隨著降雨減少，池塘變淺了。有天一隻鳥出現在池塘邊，牠對魚群說：「我眞的爲你們魚兒感到難過，你們在這裡幾乎沒有足夠的水可保持背部溼潤。你們知道離這裡不遠處有個大湖，水深數碼，魚兒在那裡快樂地游泳嗎？」

　　淺塘中的魚聽到這番話時興奮不已。牠們對這隻鳥說：「聽起來很棒，但我們怎麼到達那裡呢？」

　　鳥兒說：「沒問題！我可以用嘴銜住你們，一次一條。」

　　魚群間彼此討論：「這裡再也不像以前那麼好了，水連我們的頭都淹不滿。我們應該要去！」因此，牠們排隊等著被鳥帶走。

　　這隻鳥一次帶走一條魚，一旦離開池塘的視線，牠就著陸並吃掉魚。然後牠再回去池塘告訴牠們：「你們的朋友此刻正在湖中快樂地游泳，牠問你們何時才可以加入牠！」

　　魚兒們聞言大喜。牠們迫不急待想去，因此開始爭先恐後擠到隊伍的前頭。

　　鳥兒就這樣解決了那些魚，牠回去池塘看看是否能再有斬獲，但那裡只剩下一隻螃蟹。鳥兒又開始推銷牠的大湖。

螃蟹有些懷疑，牠問鳥兒牠如何才能到達那裡。鳥兒告訴牠會用嘴銜住牠。但這隻螃蟹有智慧，牠告訴鳥兒：「讓我們這麼做：我會坐在你的背上，用我的雙手抱住你的脖子。若你想要詐，我就會用鉗子掐住你。」

鳥兒聽完很洩氣，但牠仍想試試看，認為也許還是有辦法吃掉螃蟹。因此螃蟹爬上牠的背，牠們飛上天空。

鳥兒四處盤旋，想要找個好的落腳處。但當牠試圖降落時，螃蟹就用鉗子掐住牠的喉嚨。鳥兒連聲音都叫不出來——牠只能勉強乾咳。因此牠最後只好放棄，把螃蟹送回池塘中。

若你們像那些魚一樣，就會聽信他人所說，只要你們重回世俗的方式，一切都會多麼美好。這是我們在解脫道上會遇到的一個障礙，因此我希望你們可以如那隻螃蟹般聰明一點。

4 最後幾點忠告

　　心未調伏時，我們很容易受到自己的愛憎所左右。我們喜歡的東西是善，而不喜歡的東西則是惡，我們甚至可能將有害的事物判定爲善。它是眞的，但只適用於自己不可信賴與善變的心，它和「法」完全無關，且不符合實相。

將心推向「法」
讓一切活動都是「法」

　　因此，經上說我們應把心導向「法」，趨入「法」，別嘗試把「法」導向心。就如在社會習俗中，地位較低的普通人會主動去找重要人物，而重要人物無須去見普通人一般。若我們希望完成佛道，應主動去找佛陀與他的教法，並服從他們。我們不期待佛陀前來，並服從他的學生。這是自古以來便受人尊敬的方式。

　　難道只因爲你喜歡某件事物，就可因此決定它是「善」或「對」的嗎？它只因爲你的習慣才是善，那是未調伏心的困惑見解。因此，在心受到妥善調伏之前，我們必須把它推向「法」，並逐漸讓它符合「法」，一直到心是「法」，而「法」是

心為止。然後，一切活動都是「法」，思想是「法」，一切所做的事都是「法」，它是真諦。

從前一隻烏龜與一條蛇住在森林裡。森林著火了，牠們設法逃跑。烏龜笨拙地爬行，隨後看見蛇從旁滑過。牠為那條蛇感到難過，為什麼？因為蛇沒有腳，所以烏龜猜想牠無法逃過火災，而想要幫助蛇。但是隨著火勢持續蔓延，蛇輕易地就逃走了，而烏龜則辦不到，即使有四隻腳也一樣，牠就死在那場火裡。

那是烏龜的無知。牠認為要有腳才能移動，若無腳則哪裡也去不了，因此為蛇感到憂心。牠認為蛇會死，因為牠沒有腳。但蛇對此保持冷靜而不憂慮，因為牠能輕易地逃過危難。

這是一個以困惑觀念對人說話的方式，他們可能因為你不像他們，並和他們的知見不同，而為你感到難過，且認為你是無知的。但誰才是真的無知呢？

修行關鍵不在是否出家
而在你如何修行

人們看你的生活方式，以及你對「法」的興趣，也許認為完全沒有意義。其他人也許會說，你若想要修行，就應出家。關鍵不在是否出家，而在你如何修行。

在家人活在感官享受的領域中。他們有家庭、金錢與財產，且深深涉入各種的活動中。然而，有時他們會領先比丘與比丘尼獲得觀智並見法。為何會這樣？那是因為他們從這些事物中感受到苦，看見過失且能放下，能在經驗中清楚看見後而放下它。看見傷害並放下，然後能善用在世間的地位，並利益眾生。

　　反之，我們出家人可能坐在這裡，做在家生活的白日夢，想著它們可能有多麼美好。「啊！我可能在田裡工作並賺錢，然後可擁有幸福的家庭與舒適的家園。」我們不知它實際的情形。在家人外出工作，在田裡胼手胝足，辛苦掙幾個錢討生活。但對我們來說，它只是空想。

　　在家人以某種透徹與清晰的方式生活，無論他們做什麼，都實實在在地做它。即使喝醉了，也透徹地做，並經歷它的實相，而我們只能想像它大致的情形而已。因此，因為自己的經驗，他們可能比僧侶更快厭離世間，並覺悟「法」。

　　每個人都是自己的見證者，別拿他人當見證，那意味著學習相信自己。人們也許認為你瘋了，但別在意，那只表示他們對「法」一無所知。但你若缺乏信心，而依賴未覺悟者的意見，則很容易被嚇住。今日在泰國，年輕人很難維持對於佛法的興趣，也許他們前來寺院幾次，然後朋友就會開始取笑他們：「嗨，達摩行者！」他們開始改變生活方式，不再重視尋

歡作樂，他們的朋友便抱怨：「自從你開始上寺院，就不想再出來玩或喝酒，你是怎麼了？」因此他們經常半途而廢。

別人的話無法評量你的修行，你不會因別人說什麼而覺悟「法」，我是指真實法。別人能給你的教導，只是為你指出道路，但那並非真實的了知。當人們真的遇見「法」時，會直接在心中認出它來。因此，佛陀說他只是指出道路者，在教導時，他並未為我們完成道路。沒有那麼便宜的事！這就如有人賣給我們耕田的犁，而他不會為我們耕田一樣，我們必須自己去做那件事，別等待推銷員來幫你做。一旦他做成交易後，拿完錢一溜煙就走了。那是他的部分。

修行就是這麼一回事。佛陀指出道路，他並非為我們做事者，別期待推銷員來耕你的田。我們若如此了解解脫道，心裡會舒坦一點，會親自去做，然後就會有成果。

向不同的老師學習
會導致許多疑惑

教法可能極深奧，但那些聆聽者也許不了解。不過別在意，不要為了深奧與否而感到困惑。只要全心全意地修行，就能達到真實的了解——它將帶領你到達教法所說的安穩處。

別依賴一般人的認知，你們讀過瞎子摸象的故事嗎？那是

個好例子。假設有一頭象，一群盲人正試圖描述它。一個人摸到腿便說它像柱子，另一個人摸到耳朵便說它像扇子，另一個人摸到尾巴說：「不！它不是扇子，它像掃帚。」另一個人摸到身體，則說牠不像他們所說，它像其他東西。

莫衷一是。每個盲人都摸到大象的一部分，且對牠有完全不同的概念，但那是同一頭象。修行的道理也是如此，以一點了解或經驗，你得到局部的概念。你可以逐一去找老師尋求解釋與教導，試著找出他們的教導是否正確，並拿各種教導來相互比較。

有些人一直四處旅行，向不同的老師學習，他們試圖評判與衡量，因此當坐下來禪修時，經常處於什麼是對或錯的疑惑中：「這個老師這麼說，但那個老師那麼說；一個傢伙這麼教，而另一個傢伙則那麼教。它們似乎並不一致。」這可能導致許多疑惑。

你也許聽到某些老師真的很好，因此便去到泰國阿姜、禪宗大師、內觀老師或其他人那裡學習，接受教導。在我看來，你們多數人可能已有足夠的教導，但內心卻總想聽聞更多，想比較，結果只是徒增疑惑。每個後繼的老師，都可能進一步增加你的困惑。

因此，佛陀說：「我是經由自己的努力而覺悟，沒有任何老師。」一個遊行沙門問他：「誰是你的老師？」佛陀回答：

「我沒有老師，我靠自己達到覺悟。」但沙門搖搖頭就走開了。他心想佛陀只是在敷衍他，對他所說的話並無興趣，他認為沒有老師或指導者，根本就不可能達成任何事。

你向心靈導師學習，她告訴你要斷除貪與瞋，她告訴你它們是有害的，必須去除。你也許修行並那麼做，但斷除貪與瞋不會只因為她教導就達成，你必須認真修行，才能完成它。你經由修行，逐漸親證一些事情，你看見心中的貪並斷除它，看見心中的瞋並斷除它。老師不會為你斷除它們，她告訴你要斷除它們，但這不會只因為她告訴你就發生。你著手修行，並逐漸覺悟，你藉由自己而了解了這些事。

這就如佛陀牽著你的手，並帶你到道路的起點，然後告訴你：「就是這條路，往前走吧！」他不會幫你走，你得自己來。當你履行解脫道並修習佛法時，你和真實法面對面，那是超越名言概念的，沒有任何人可為你解釋。因此，人們是自知作證，了知過去、未來與現在，了知因與果，然後疑惑了結。

一旦覺悟「空」
就不再受到善法或惡法影響

我們談論斷惡與修善，但當證悟修行的果時，則是一切事物不增不減。佛陀說這是我們希望達到的目標，但人們卻不想

停在這裡。疑惑與執著讓他們一直移動且困惑，而停不下來。因此，當某人已達到目標而其他人還在別處時，他們聽不懂他到底在說什麼，他們也許具有了解語言的才智，但那並非見道的真實智。

通常當談到修行時，我們談應修習什麼與斷除什麼，談揚善與去惡。但最後的結果是「所作皆辦」。有「有學」（sekha）①的層次，這些人必須在這些事物當中修行；另外有「無學」（asekha）的層次，這些人不再需要任何修行。在心達到完全覺悟的層次時，無須再修習任何事物，這種人無須藉助任何教法與修行的概念。這裡說的是已斷除煩惱的人。

「有學者」必須在解脫道上次第修行，循序漸進，直到最高層次。當她完成此事時，就稱為「無學」，意即不再需要任何修行，因為一切皆已完成。該做的修行都已完成，已斷除疑惑，無須再做任何修行，沒有煩惱必須被斷除。這即是所謂「空」的心，一旦覺悟此事，就不會再受到任何善法或惡法影響。無論遭遇什麼事，都能不為所動，你活在平靜與快樂中。

除了佛法
無任何東西可帶來快樂

在這個無常的領域中，有時找不到心靈導師來為我們指出

道路。然後，一段時間之後，這種老師偶爾會出現，這事可遇而不可求。當人們缺乏心靈導師時，受到渴愛嚴重遮蔽，社會則普遍被貪、瞋、痴所左右。因此，雖然目前佛教也許正力圖生存，但一般而言，它的路線離眞諦實相還很遙遠，我們仍應充分利用所掌握到的機會。

當佛陀般涅槃（parinibbāna）時，不同類型的弟子有不同的感受。那些已悟入佛法者，當看見佛陀入涅槃時，他們很高興：「世尊善逝，彼已入滅。」但那些煩惱猶未斷除者，心想：「佛陀已死了！現在誰來教導我們呢？我們先前禮敬者去世了！」因而嚎啕大哭。那眞糟糕，如一群無家可歸的人般，爲佛陀哭泣，他們不明事理，害怕再也沒有人來教導他們。

但那些覺悟者了解，佛即是他已教導我們的「法」，「法」即是佛，雖然他已經去世，但是他的教法還在這裡。因此，他們的精神依然昂揚，並不缺少修行的方法，因爲他們了解佛陀不死。

我們不難看見，除了佛法之外，沒有任何事物能解除世上的煩惱與憂傷，並息滅眾生熾盛的苦難。世間凡夫一直在無知的生活中掙扎、對抗、受苦與死亡，看不到終點，因爲他們不循正道而行。因此，讓我們將身心完全投入持戒與修定，成爲眞正如法生活的人。我們無須看別人，批評他們不持戒，即使當那些和我們親近者無法修行時，也應先做好自己能做的事。

在擔心別人的缺失之前，我們當中那些了解並能修行者，應立即反躬自省。

除了佛法，並無任何東西可為這世間帶來平靜與快樂。撇開佛法，這世間就只剩下得與失、嫉與瞋的鬥爭。進入佛法者，放下這些事，並改以散播慈心與悲憫。這樣的「法」即使只是一點點，也具有廣大的利益。無論何時，只要個人心中具有這樣的特質，佛陀之道便可興盛繁榮。

譯 註 ....

①有學：證得四種道與果的前三種的聖者，稱為「有學」，共有七種，最初證得須陀洹道的聖者稱為「見道」的聖者，其後六種稱為「修道」的聖者。證得第四最高阿羅漢果的聖者，則稱為「無學」（已無可學的學盡者）。

附錄一 英譯者致謝詞

　　本書若無我在香巴拉出版社的編輯艾蜜莉‧鮑爾（Emily Bower）的輔導，不可能順利出版。她在審核初稿時非常嚴格，絕不讓我矇混過關，在超過一年的期間，耐心地引領我創造條理清楚的詞語，一直對抗我的惰性，和對於重寫的頑強厭惡，以及我曾自以為是文采的憍慢。達夫‧歐尼爾（Dave O'Neal）與彼得‧透納（Peter Turner），也經由她提供了有益的建議。

　　阿姜查的僧團，尤其是那些位於無畏山寺（Abhayagiri Monastery）的弟子們，提供鼓勵與回饋，並在翻譯上幫助我。無畏山寺僧眾是初稿的讀者，那裡的比丘、比丘尼與在家行者，一直對我所能翻譯阿姜查教法的每個小片段，表現出無限的感激。該寺也提供一份相片光碟，那是由正念佛教研究中心（Sati Center for Buddhist Studies）的露斯‧史戴爾斯（Ruth Stiles）重新格式化。無畏山寺副住持阿姜帕薩諾（Ajahn Pasanno）一直是我在翻譯、佛法與經典上，最寶貴與最值得信賴的諮詢資源。

　　其他相片則是由喬治‧夏普（George Sharp）先生，他是把阿姜查寺院傳統帶到西方的橋樑，以及英國曉明寶山寺（Aruna Ratanagiri Monastery）的阿姜穆寧多（Ajahn Munindo）

所提供。

　　比爾・珊德（Bill Sand）是一位老朋友，他奇蹟似地在超過三十年後出現，並在重寫的過程中給予我非常寶貴的深刻觀點。我的「智囊團」，包括比爾、凱西・寇爾克洛（Cathy Colclough）、艾莉絲・蘭斯柏格（Iris Landsberg）、貝嘉・提圖斯（Becca Titus）、與西恩・豪德（Sean Haode），幫助我了解如何讓教法更容易被人接受。

　　國際郵差協會（National Association of Letter Carriers）在我翻譯期間，提供足夠維持生活的薪資，讓我能支付帳單。我的妻子莉莉（Lili），除了無怨無悔的耐心與支持外，還在技術問題與臨時編輯上，解除我的燃眉之急，而我們獨一無二與不可思議的狗狗貝兒（Bear），則一直都是我們生活上的開心果。我們衷心祈禱，並相信他已往生阿彌陀佛的淨土。

附錄二 英譯者簡介

保羅・布里特（Paul Breiter），於1948年出生於美國紐約市布魯克林區，於1970年旅行至泰國時，出家成為比丘。不久之後，他遇見阿姜查並成為他的弟子。布里特通曉泰語與依桑方言（Isan，近似寮語），負責擔任阿姜查指導西方學生的翻譯。他保有對於阿姜查開示法語的記錄，其中有些被集結成冊，納入與傑克・康菲爾德（Jack Kornfield）共同出版的《寧靜的森林水池》（*A Still Forest Pool,* Quest Books, 1985）中，他還翻譯了一本《戒律入門》（*Vinayamukha*(P.); *Entrance to the Vinaya,* Vol. III; Mahamakuta Royal Academy, 1983）。

阿姜查於1979年訪問美國，布里特陪同他旅行並擔任翻譯。之後他出版了一本傳記，記錄跟隨阿姜查學習的一些故事，那本書名為《師父——與阿姜查共處的歲月》（*Venerable Father: A Life with Ajahn Chah*，自行出版，1993；Buddhadhamma Foundation, 1994；Paraview Press, 2004），此書已成為弟子間私下流傳的經典著作。在1977年脫下僧袍還俗後，布里特回到美國繼續跟隨日本曹洞宗的光文千野禪師（Roshi Kobun Chino Otogawa），之後又隨西藏佛教寧瑪派的貢波・贊丹（Gonpo Tsedan）修學佛法。他目前住在美國佛羅里達州。

附錄三 詞彙表

ajahn（泰文；巴利語*ācarya*）：阿姜、老師。

Ajahn Mun（泰文）：阿姜曼，泰國上一世紀最著名的禪修大師，阿姜查時代泰國東北方多數大師的老師。

almsround（巴利語*piṇḍapāta*）：托缽乞食。上座部寺院每天早晨習慣上都會外出乞食。比丘們靜靜地托缽站在屋外一段時間，審視住戶是否會提供食物。在泰國，施主通常在戶外排成一列等待比丘。

anattā（巴利語）：無我。意指無身心元素組成之真實與恆常的自我。

anicca（巴利語）：無常。經常被阿姜查譯為「不確定」。

arahant（巴利語）：阿羅漢，意譯為「遠離煩惱者」、「殺諸煩惱賊者」。上座部佛教中，究竟的證悟果位。

ariya（巴利語）：聖者。那些已經證果者，因此他們不再是凡夫。

bhikkhu（巴利語）：比丘，意譯為「看見生死輪迴之危險者」，乃受具足戒的僧人。

bhodhi tree：菩提樹（學名*ficus religiosa*），佛陀於印度菩提伽耶（Bodh Gaya），在此樹下達到覺悟。菩提（*bodhi*）意

指「覺悟」。

bhodhisattva（梵文；巴利語*bodhisatta*）：菩薩或菩提薩埵，意譯爲「覺有情」，發誓爲利眾生願成佛者。在上座部教法中，「菩薩」特指佛陀修行以圓滿佛道的前世。

Buddho（巴利語）：佛號。在泰國通常被當作一個禪修對象，意爲「覺知者」。

deathless：無死；解脫苦、生死輪迴的境界；涅槃。

defilements（巴利語*kilesa*）：貪、瞋、痴等煩惱。

Dharma（梵文；巴利語*Dhamma*）：佛法；佛陀的教法；實相；眞諦。

dharma：諸法；現象。直譯爲「存在者」。

dukkha（巴利語）：苦。不滿足；存在的痛苦本質；佛陀教導四聖諦中的第一聖諦。

eighth rebirth：第八次轉世，最後一次轉世。「入流者」（須陀洹）頂多再經七次轉世即可解脫輪迴。

four foundations of mindfulness：四念處。上座部佛教中基本的禪修系統，包括身、受、心、法等念處。

Four Noble Truths：四聖諦。佛陀初轉法輪所傳之法：苦聖諦、苦集聖諦、苦滅聖諦、以及導致苦滅之道聖諦。

jhāna（巴利語）：禪那。深定的狀態，通常被區分爲四禪八定，即四色界定與四無色界定。

khandha（巴利語）：蘊，直譯爲「積聚」。指身心構件的分類——色、受、想、行、識等五蘊，人們錯誤地認爲這些構成「人」或「我」。

kūṭi（巴利語）：茅篷。通常是由柱子撐起的小木屋。

lower realms：惡道，通常是指畜生、餓鬼與地獄。它也可以指人類內心的極苦狀態。

Luang Por（泰文）：師父，音譯爲「隆波」。對年長比丘尊敬與親切的稱呼，意思是「尊貴的父親」。

merit（巴利語*puñña*）：福德，即行善積德。

metta（巴利語）：慈心。無私地希望包括自己在內的一切眾生快樂。

nirvāna（梵文；巴利語*nibbāna*）：涅槃。覺悟的狀態，是無爲法；斷除貪、瞋、痴。

pacceka buddha（巴利語）：辟支佛，意譯爲「獨覺」，乃無師自悟，且不具有教導他人能力者；通常被描述爲離群索居。

Pāli：佛陀教導所用的梵語方言。

perfections（巴利語*pārami*）：波羅蜜，意譯爲「到彼岸」、度。在上座部佛教中，有十波羅蜜：施、戒、出離、慧、精進、忍辱、諦、決意、慈、捨。

samādhi（巴利語）：禪定。專注；禪的穩定性。

samatha（巴利語）：止禪。

saṃsāra：輪迴。生死輪迴；有為法的痛苦循環。

Sangha：僧伽，修習佛道的團體。它可以指任何佛教團體，包括在家與出家。僧伽作為皈依的對象（與「佛」、「法」並列），則是指那些已開悟證果者。

sankhāra（巴利語）：行。有為法，任何有始、末與生、滅的事物。若被當作行蘊，則是指色、受、想與識以外的一切心行。在泰文語法中，它也可以指「身體」。

self-conceit（巴利語*māna*）：慢、我慢。根本的自我意識；這種深細的我執，一直到證得阿羅漢果時才被斷除。

sīla（巴利語）：戒，符合並導向善德的行為準則與規定。

stream enterer（巴利語*sotapanna*）：入流者，是指證得初果者，已進入正覺之流，此人頂多再轉生七次。

Tathāgata（巴利語）：如來，佛陀的十個名號之一。

tudong（泰文；巴利語*dhūtanga*）：頭陀行，上座部僧侶所允許之苦行。它通常是指離開寺院，在森林裡、塚間雲遊，以及行腳參訪禪修大師和禪修道場的修行。

Ubon：烏汶。位於泰國東北部的省分，是阿姜查居住與阿姜曼誕生的地方，也是距阿姜查的巴蓬寺約五英哩的省會名。

vipassanā（巴利語）：觀禪。直譯為「特殊的觀看」。

Visakha Puja（巴利語）：衛塞節。紀念佛陀降生、成道與般

涅槃的節日。

wat（泰文）：寺。

Wat Pah Pong：巴蓬寺。阿姜查的主寺，成立於1954年，在距離他的家鄉約一點五英哩的濃密森林中。

zazen（日文）：坐禪，禪宗的坐禪。

附 錄 四 資源

　　有興趣想要學習更多泰國森林傳統的讀者們，可以前往 www.forestsangha.org或聯絡下列寺院，以獲得阿姜查、他的寺院與教法，及其弟子的教學與活動資訊。

Australia
　　Bodhinyana Monastery
　　216 Kingsbury Drive
　　Serpentine WA 6125, Australia
　　(61) (0) 8 9525 2420

Italy
　　Santacittarama Monastero Buddhista
　　Località Brulla
　　02030 Frasso Sabino (RI), Italy
　　(39) (0) 765 872 186

New Zealand
　　Bodhinyanarama Forest Monastery
　　17 Rakau Grove
　　Stokes Valley
　　Wellington, New Zealand
　　(64) (0) 4 563 7193

Switzerland
　　Dhammapala Buddhistisches Kloster
　　Am Waldrand
　　378 Kandersteg, CH-3718, Switzerland
　　(41) (033) 675 2100

Thailand

Wat Pah Nanachat (International
Forest Monastery) Bahn Bung Wai
Amper Warin
Ubon Province 34310, Thailand

USA

Abhayagiri Buddhist Monastery
16201 Tomki Road
Redwood Valley, CA 95470, USA
(1) (707) 485-1630

UK

Amaravati Buddhist Monastery
St. Margaret's Lane
Great Gaddesden
Hemel Hempstead
Hertfordshire HPI 3BZ, UK

Aruna Ratanagiri Buddhist Monastery
2 Harnham Hall Cottages
Harnham, Belsay
Northumberland NE 20 OHF, UK

Cittaviveka
Chithurst Buddhist Monastery
Chithurst (W. Sussex), Petersfield
Hampshire GU 31 5EU, UK
(44) 01404 89 1251

Devon Vihara
Hartridge Buddhist Monastery
Odle Cottage
Upottery, Honiton
Devon EX 14 9QE, UK

Everything arises, everything falls away by Ajahn Chah and Paul Breiter(Translator)
Copyright © 2005 by Paul Breiter
Published by arrangement with Shambhala Publications, Inc.,
300 Massachusetts Avenue, Boston, MA02115, U.S.A,www.shambhala.com
Through Bardon-Chinese Media Agency
Complex Chinese translation Copyright © 2006 by Oak Tree Publishing Publications,
a division of Cité publishing Ltd.
All Rights Reserved.

善知識系列　JB0028

無常

作者　　　阿姜查（Ajahn Chah）
譯者　　　賴隆彥
特約編輯　釋見澈、鐘苑文
封面設計　徐璽
內頁版型　歐陽碧智

總編輯　　張嘉芳
編輯　　　游璧如
業務　　　顏宏紋
出版　　　橡樹林文化・城邦文化事業股份有限公司
　　　　　104台北市民生東路二段141號5樓
　　　　　電話：(02)2500-7696　傳眞：(02)25001951
發行　　　英屬蓋曼群島商家庭傳媒股份有限公司城邦分公司
　　　　　客服服務專線：(02)25007718；(02)25001991
　　　　　24小時傳眞專線：(02)25001990；25001991
　　　　　服務時間：週一至週五上午09：30～12：00；下午13：30～17：00
　　　　　劃撥帳號：19863813；戶名：書虫股份有限公司
　　　　　讀者服務信箱：service@readingclub.com.tw
香港發行所　城邦（香港）出版集團有限公司
　　　　　香港灣仔駱克道193號東超商業中心1樓
　　　　　電話：(852) 25086231　傳眞：(852) 25789337
　　　　　Email: hkcite@biznetvigator.com
馬新發行所　城邦（馬新）出版集團【Cité (M) Sdn. Bhd. (458372U)】
　　　　　41, Jalan Radin Anum, Bandar Baru Sri Petaling,
　　　　　57000 Kuala Lumpur, Malaysia
　　　　　電話：(603) 90578822　傳眞：(603) 90576622
　　　　　Email：cite@cite.com.my
初版一刷　2006年4月
初版十一刷　2017年7月
ISBN 986-7884-52-3
定價：220元

國家圖書館出版品預行編目資料

無常／阿姜查（Ajahn Chah）著；賴隆彥譯.
--初版--臺北市：橡樹林文化出版：家庭傳
媒城邦分公司發行, 2006 [95]
　　面；公分 --（善知識系列：JB0028）
譯自：Everything arises, everything falls
away by Ajahn Chah and Paul Breiter
ISBN 986-7884-52-3（平裝）

1.佛教—修持

225.7　　　　　　　　　94023758

版權所有・翻印必究（Printed in Taiwan）
缺頁或破損請寄回更換